# DES NOUVELLES DE L'OVALIE

Nouvelles collectives

Nicolas Rivière, Pascal Dessaint, Yohan Le Bourhis
Pierre Melendez, Patrick Fort, Pierre Domengès
Laurent Blondiau, Tomas Jimenez
Brice Torrecillas, Laurence Bilberfeld

ISBN : 978-2-493049-26-1

# APRÈS LE MATCH

Nicolas Rivière

Je suis sorti du stade et j'ai décidé de rouler vers le sud. Je voulais tout oublier. Le résultat, le score, la manière, tout ce que j'avais vu ce soir-là entre le Racing 92 et Montpellier pour une simple journée de TOP 14. Je voulais oublier les essais, les ralentis sur le grand écran, les animations à la mi-temps, les jeux-concours, les places à gagner, la musique assourdissante, les watts balancés comme pour un concert des Stones. Oui, oublier tout ça. Tirer un trait. Ça ressemblait fort à un début de rupture. Quand on sait que c'est fini. Qu'on a atteint la limite et qu'il va falloir le dire, avouer qu'on n'en peut plus, qu'on a fait le tour de la question.

Je ne suis pas sorti tout de suite. J'ai attendu un peu dans les gradins afin de voir l'enceinte se vider progressivement, les lumières s'éteindre les unes après les autres, la marée redescendre. À mesure que les spectateurs disparaissaient par longues grappes dans les escaliers de la Défense Arena, tous les artifices du lieu transparaissaient de façon plus claire, plus brutale : l'immense écran géant derrière l'un des en-but, les énormes baffles fixés au plafond, tout le squelette de cette gigantesque installation sons & lumières, et puis, bien sûr, la pelouse synthétique, si puissamment inodore, invariable quelle que soit la saison, froide comme la nuit qui tombait ce soir-là sur Paris.

Un instant, je repensai à Colombes, dont je n'avais pas connu les heures légendaires, mais bien au contraire, les travées désertes et l'anonymat d'un Racing ciel & blanc qui, vers la fin des années 90, allait s'embourber dans le marécage des divisions inférieures. N'empêche, planait encore à Colombes un reste de poésie, un ersatz peut-être, mais enfin quelque chose à quoi s'accrocher, au pire les récits des grands témoins qui, chaque jour de match du Tournoi des Cinq Nations, se retrouvaient gare Saint-Lazare, souvent après de drôles de périples commencés l'avant-veille en province, untel partant de Saint-Vincent-de-Tyrosse, tel autre de Capestang ou de Tournon-sur-Rhône, diaspora ferroviaire qui se poursuit encore aujourd'hui, depuis un quart de siècle au Stade de France, et avant cela dans le blockhaus du Parc des Princes, cette coulée de béton grise pour toujours et qu'on avait presque fini par aimer.

Le Parc des Princes, ce n'était pas que les samedis après-midi de plein hiver et nos rendez-vous avec le XV de France. C'était aussi les longs soirs de mai, le printemps blond comme les blés à la terrasse des *Trois Obus*, quelques fins de nuit au Bois de Boulogne, à l'heure des premiers oiseaux, après les finales de notre interminable championnat de France. L'ultime, en 1997, avec les cousins de Peyrehorade, cadets de Gascogne vêtus de vert & blanc, qui avaient battu Grenoble en lever de rideau de la dernière finale qui se jouerait là, entre Toulouse et Bourgoin. On en avait bu du vin clairet de Chalosse ce jour-là, des hectolitres de chambourcin oui, dans des vessies en cuir, frais jusqu'au bout. En tout cas dans notre souvenir.

Les finales de ce temps-là se teintaient invariablement de rouge & noir. Comme les trains Corail affrétés pour l'occasion, qui nous convoyaient depuis Toulouse, sur le trajet de l'historique ligne du « Capitole ». Nous partions le samedi matin, tôt, après un café-croissant au comptoir de *La Meunière*, plus accidentellement à celui du *Bristol*, juste à l'angle de la rue Bayard, face à la gare Matabiau. On feuilletait La Dépêche du Midi et son supplément spécial, en attendant les quelques retardataires qui sortaient de l'Étincelle où ils ne s'étaient pas couchés, versant plutôt dans l'entrecôte-frites sur le coup des cinq heures du matin, le demi-litre de fronton inclus, après avoir fait drôlement tanguer le bastingage chez les professionnelles du quartier. Pas rasés les mecs, mais prêts à partir. Il faut toujours être prêt à partir.

Le temps de rassembler les troupes, le chef de gare fixait un drapeau ou un fanion du Stade Toulousain à la fenêtre de la locomotive. Pour la photo, celle que l'on prenait avec un Kodak jetable acheté la veille. Nous grimpions ensuite dans les compartiments et nous traversions la France. Montauban, Cahors, Brive – ahhh la traversée de la gare de Brive, en 1996, à un pas de sénateur, klaxon hurlant, politesse de circonstance à l'égard de l'adversaire du soir – puis Limoges, Châteauroux, Orléans et enfin la gare d'Austerlitz. Du train, nous passions alors au métro et à la ligne 10 qui nous conduisait directement porte d'Auteuil. Il y avait parfois des haltes, à Mabillon ou à Odéon, pour une paire de demis, de mêlées et d'ouvertures et surtout de pressions, histoire de refaire les niveaux sur le chemin du Parc des Princes.

Au tournant du dernier siècle, quand le rugby français déménagea une fois encore, quitta le vaisseau froid de l'Ouest parisien, franchit à nouveau le périphérique pour poser ses bagages à Saint-Denis, tout ce rituel fut à revoir et nous improvisâmes des bivouacs inédits, sur le trajet du RER B, autour de Denfert-Rochereau ou de la gare du Nord. Nous perdîmes aussi l'habitude d'arriver à Austerlitz, privilégiant déjà la vitesse, le TGV à hauteur de Saint-Pierre-des-Corps, auparavant les trois minutes d'arrêt en gare de Bordeaux Saint-Jean et le terminus à Montparnasse. De tout cela aussi, un jour, nous perdrions l'habitude.

Je suis sorti du stade et j'ai donc roulé vers le sud. J'ai laissé Saint-Cloud et Boulogne-Billancourt dans mon dos. Le fantôme du Parc des Princes dormait dans la nuit noire. J'ai traversé la forêt de Meudon. Après Orsay, j'ai rallié l'A10 et je ne me suis plus arrêté.

Quand avions-nous vraiment senti que ça allait dérailler, partir en vrille, se barrer en sucette ? Au retour d'Afrique du Sud peut-être, au tout début de l'été 1995, à l'issue de la troisième coupe du Monde et après deux mois de Grand Trek, avec pour seul bagage un simple sac de toile, quelques livres en bandoulière parfois laissés sur des tables de chevet, dans des motels ou autres pensions équivalentes. De Pretoria à Port Elizabeth, du Cap à Durban, dans l'hiver des lignes australes et de nos vagabondages désordonnés, nous avions senti que quelque chose nous filait entre les doigts. Le mouvement d'ensemble avait débuté bien avant, s'amplifierait longtemps encore, mais je me souviens qu'en embarquant sur le vol retour, le Johannesburg-Paris qui solderait toute cette affaire et nous ramènerait au port d'attache après tant d'excès, chacun avait bien compris que nous laissions sur place une large part du sport que nous avions connu, que le rugby était en train de se faire la malle. Il m'arrive souvent de relire les articles de l'époque, les reportages de Patrick Espagnet pour Sud-Ouest, de Jacques Maigne pour Libération, de Jean Cormier pour Le Parisien, les souvenirs au long cours de Jacques Verdier, chroniques ovales d'une longue carrière à Midi Olympique… Tout y est.

Quand on y repense, le mondial sud-africain a posé tous les jalons de la suite, précipité la formule du rugby contemporain, à mi-chemin de l'involontaire et de la préméditation. Une préfiguration, un avant-goût. Au moment même où les instances internationales s'apprêtaient à rayer l'amateurisme de leur vocabulaire, la compétition accouchait d'un phénomène inédit, un joueur hors catégorie : l'ailier néo-zélandais Jonah Lomu, alliage stupéfiant de surpuissance et de vitesse, prototype d'un sport de titans, de surhommes, de bulldozers. La « montagne Lomu », s'était égosillé un journaliste de la télévision française commentant la stratosphérique demi-finale opposant l'Angleterre à la Nouvelle-Zélande et les quatre essais du supersonique colosse. Pendant ce temps, un autre ailier, Max Brito, qui ne s'était pas relevé d'un regroupement lors d'un match face à l'Écosse, avait depuis longtemps quitté la compétition et repartirait d'Afrique du Sud sur un fauteuil roulant. Ivoire brisé. Lomu, Brito... Derniers tocsins avant le grand fracas.

Alors quoi, c'était mieux avant, c'est ça ? Le gimmick des vieux cons, des cons tout court, ce que nous étions de toute façon et que nous sommes toujours. Je taillais la route, seul dans la nuit. J'avais passé Tours, Poitiers, Niort. Ce n'était pas encore le Sud mais déjà l'Atlantique se rapprochait. Bon, t'accouches ! C'était mieux avant, ou pas ? Va savoir... Soudain, tout rebascula en noir & blanc, comme sur les photos de Michel Birot. La première fois que je l'ai croisé, c'était en 1995 justement, une semaine ou deux avant de m'envoler pour l'Afrique du Sud où il irait lui aussi. Nous étions à Béziers. Pour une demi-finale de championnat entre le Stade Toulousain et Bourgoin, prolégomènes à la finale de 1997.

Béziers... L'âpre rocher languedocien et ses légendes obscures. Ville jadis rayonnante, pinardière en diable, fille élue du Midi rouge et des révoltés viticoles. Fière. Démesurée. Crainte. Partout dans ses rues, il nous semblait croiser des ombres inquiétantes, des souvenirs anguleux. Combien de fois sommes-nous repassés avenue Gambetta, devant l'ancien *Bar des Amis*, au comptoir duquel un samedi de juillet, à midi, Armand Vaquerin s'était fait sauter le caisson en jouant paraît-il à la roulette russe ? Combien de fois, à l'ombre des platanes des allées Pierre-Paul Riquet, avons-nous cru apercevoir la longue et terrifiante silhouette d'Alain Estève, celles d'Olivier Saïsset, de Michel Palmié, d'Alain Paco, des frères Buonomo ?

La mémoire a beau prendre des rides et des couleurs sépia,

elle ne disparaît jamais tout à fait. Béziers restera ainsi et quoi qu'il arrive le plus lourd rouleau compresseur qui soit passé sur le rugby français. Dix boucliers de Brennus remportés entre 1971 et 1984. Une machine. Une enclume en rouge & bleu. Des avants qui démantelaient, pulvérisaient tout sur leur passage. Une tractopelle à packs qui faisait place nette, dégageait l'horizon. Et derrière : Richard Astre, Henri Cabrol, René Séguier, Jack Cantoni... Aucun autre club n'a autant, comme l'Association Sportive Biterroise et sa bande de soudards, terrorisé le rugby hexagonal quinze années durant. Pas même le Toulon des frères Herrero et après eux, celui des apaches varois qu'ils avaient enfantés dans les années 80, les Orso, Tordo, Louvet, Christian Cauvy, Éric Champ... Personne.

Béziers a martyrisé son monde, précédée et poursuivie d'une réputation exécrable, sans doute l'une des pires du championnat. Elle lui allait à merveille. Secrètement, je pense même qu'elle la cultivait. Cette ville aimait trop sentir la poudre, roter des relents d'ail frits à l'huile rance, schlinguer les petits calamars pas nettoyés, servis « à la salope » comme on faisait à Sète, pour vouloir qu'on la complimente sur son jeu, voire plus vexant encore, qu'on le trouve joli. Rançon de haute gloire, Béziers a eu ce qu'elle cherchait. Son idée reptilienne du rugby s'est fait fracasser dans tous les sens, déboîter les épaules dans tous les bistrots situés en dessous de la Loire. On en a dit pis que pendre. Pas un rade, hormis sur ses terres, où on ne lui ait taillé des croupières, des costards conçus pour durer tous les hivers de la vie. Raoul Barrière, le « sorcier de Sauclières », l'entraîneur par qui tout était arrivé, se fit au mieux traiter de gestionnaire, passa pour un obsédé de l'efficacité, un autiste du rationnel. Tout cela, en plus, parfumé à la sophrologie, assaisonné d'un jargon de polytechnicien. On a comparé ça au giscardisme – c'était la même époque – et il y avait du vrai. Reste que, si comme disait l'autre « on ne tombe pas amoureux d'un taux de croissance », avec Raoul Barrière à Béziers, Jean Liénard avant lui à Grenoble, plus tard Jacques Fouroux à la tête du XV de France et pour finir Christophe Urios partout où il est passé : on tient là parfaitement à jour le répertoire des cépages les plus rustiques du rugby de France, le rameau néandertalien de sa généalogie. Ça n'a pas toujours été très beau à voir, tout le monde en convient, mais ça force le respect, l'admiration, et l'on jalouse toujours un peu ceux qui, avec davantage de force que nous-mêmes, rappellent que ce jeu est d'abord une histoire de combat, de conquête, que ça se pratique avec du plomb dans les bras à défaut d'en avoir parfois dans la tête.

J'en étais là de mes divagations lorsque j'arrivai dans Bordeaux endormie. L'aube n'allait pas tarder. J'avais besoin d'un peu de sommeil et d'une poignée de rêves. J'ai quitté l'autoroute à la tombée du pont d'Aquitaine, emprunté les voies désertes des bords de Garonne avant de me garer dans une ruelle noire, perpendiculaire au quai de Paludate, et de fermer les yeux. Pause. Le petit matin et son ciel lourd me surprirent à l'heure où pousse la barbe, à travers le pare-brise gouttelé. Pavé luisant, eau épaisse et limoneuse du fleuve, ambiance à la Mac Orlan.

Au bout de Paludate, si l'on veut descendre encore vers le sud, on longe évidemment Bègles. Spécialité momentanée de cette proche banlieue morutière habillée en maillot à damier : la « tortue », ce fameux groupé pénétrant inventé au tout début des années 90 par un paquet d'avants venus d'un autre siècle conduit par une première ligne de skinheads où se cognaient du front Vincent Moscato, Serge Simon et Philippe Gimbert. La « tortue », un truc laid comme pas possible, bas du casque comme on peine à l'imaginer, capable de traverser le terrain sans que personne ne voie le ballon. Le rugby porté en deçà du zéro. Efficace pourtant, le titre de champion de France 1991, remporté face au Stade Toulousain, en témoigne.

À Bègles en ce temps-là, on n'était pas là pour rigoler, mais alors pas du tout. Sauf peut-être quand ça ouvrait généreusement la « boîte à gifles ». Dans ce registre, ça y allait gaiement, sans pudeur. Personne ne laissait sa part aux chiens. André Berthozat, Christophe Mougeot, Sébastien Conchy : pas vraiment des fainéants de la distribution généralisée. Plaisir d'offrir, joie de recevoir. De fait, les Béglais surent se faire craindre comme personne. Le trio de crânes rasés et leurs comparses n'avaient peur de rien, voyageaient n'importe où l'esprit tranquille. Pour ça, ils ont impressionné, filé les jetons à tous les clubs de l'Hexagone qui ont croisé leur route, y compris à l'extérieur. La gigantesque et interminable partie de manivelles de leur huitième de finale aller au printemps 1991, dans l'enfer toulonnais du stade Mayol, est sans doute le plus remarquable fait d'armes de cette cohorte de janissaires ne reculant devant aucune expédition lointaine, dans des atmosphères d'hostilité poussées à leur paroxysme. De tels branquignols n'auraient pas dépareillé au casting d'un western de Sam Peckinpah. Une horde sauvage. La définition prolongée à l'extrême de l'esprit de sacrifice et, il faut le dire, d'une certaine quête de la violence pure. Si on doit y rester on y restera. Un point c'est tout.

L'odyssée des Béglais n'a pas duré longtemps. Deux ans tout au plus. Après le départ de certains des guerriers de 1991, se leva à l'ouverture girondine un certain Vincent Etcheto, descendant de Jean Dauger, l'un des plus grands attaquants de l'histoire du rugby français. Dauger, c'était le Bayonne du demi-siècle, une idée éternelle du jeu, en bleu & blanc, aux couleurs de l'Aviron. Etcheto, son petit-fils, en incarnait non seulement le legs, mais la ressemblance physique, œuvrait à la continuité, à la transmission. Transmettre. Au rugby plus qu'ailleurs : recevoir et donner.

Immédiatement après Bordeaux, à portée d'un drop d'Etcheto, dès les premiers kilomètres de l'A63 qui descend vers le Pays basque et l'Espagne, tout s'éclaircit toujours, le ciel autant que les états d'âme et les élans du cœur. C'est le chemin du large, du jeu ouvert en grand, comme l'océan, avec des vagues, des passes sautées, un arrière intercalé, un ballon qui va toujours jusqu'à l'aile, des échappées le long de la ligne de touche. Un rugby qui sent l'iode, les navigations au long cours. À peine franchie la limite entre la Gironde et les Landes, il faut choisir, continuer ou bifurquer. Tyrosse et Bayonne d'un côté, Mont-de-Marsan de l'autre. Décision cornélienne, à prendre vite tant l'échangeur de l'autoroute s'approche, les pointillés sur l'asphalte s'épaississent, la distance entre eux se raccourcit. Bientôt ce sera la ligne blanche continue et il sera trop tard.

Je retournerai à Tyrosse, je reviendrai à Bayonne. Promis. Mais avant cela, il me faut solder quelques comptes. M'accouder à nouveau au comptoir délaissé de la buvette de la gare d'Hagetmau, où se devine encore, comme autant de volutes de Gitanes, la silhouette intimidante d'Alain Lansaman. Il me faut arriver à Mont-de-Marsan, laisser l'automobile, finir là mon voyage et descendre à l'hôtel du Sablar, rêvasser dans ses galeries mélancoliques et son mobilier en rotin. Y relire, aux heures creuses d'une après-midi d'automne, Rugby Blues de Denis Tillinac, Pack des Tempêtes de Denis Lalanne, puis marcher, suivre le cours du Midou et retrouver sinon ce qu'il en reste, du moins les souvenirs que je garde du stade de Barbe d'Or, celui des frères Boniface, de Patrick Nadal et, plus tard, sous l'indémodable maillot jaune & noir du Stade Montois, des débuts de Thomas Castaignède…

Se pencher sur son passé, errer en nostalgie dans le rugby de sa jeunesse est un réflexe naturel, et la mémoire est un beau refuge. Mais il faut savoir se convaincre également que si personne ne nous rendra le rugby des ballons en cuir et des maillots en coton du temps où l'on fumait des puros en tribune, le jeu de mouvement et l'instinct d'attaque ne sont d'aucun siècle, le féroce combat de la conquête d'aucune époque. Ils sont d'hier et de demain, que l'on parle de la vieille soule médiévale aussi bien que des offload d'aujourd'hui décortiqués par GPS.

De Jean Dauger et des frères Boni à Romain Ntamack et Damian Penaud, en passant par Jo Maso, Didier Codorniou, Denis Charvet, Philippe Sella, Yannick Jauzion, Wesley Fofana et tant d'autres : l'avenir tient la main de l'autrefois sans rupture de ligne, sans commettre d'en-avant. Puissent les éducateurs de France et de Navarre, chaque mercredi après-midi, sur les terrains de toutes les écoles de rugby du pays, reprendre à leur compte ce mot de Jean-Claude Skrela, au lendemain de l'ébouriffante finale de 1985 – huit essais ce soir-là – entre le Stade Toulousain et le Rugby Club Toulonnais : « Si faire trois passes en suivant est un risque, alors il vaut mieux jouer à autre chose ». Alors jouons ! Ouvrons ! Car le rugby appartiendra d'abord et toujours aux enfants, aux poètes et aux hommes libres.

Nicolas Rivière

Mont-de-Marsan, 2023.

*Nicolas Rivière est journaliste à Toulouse. Il produit notamment l'émission radiophonique culinaire "L'Oreille en Bouche" et lance à l'occasion de la Coupe du Monde de rugby 2023 une série de podcasts consacrés au jeu à XV : "Essai Parti!".*

# VU D'EN BAR

## Chroniques du Tournoi des cinq nations 1998

Pascal Dessaint

En 1998, j'étais en pleine préparation de mon polar rugbystique « Du bruit sous le silence ». On en parlait en coulisse et le journal Libération me demanda d'écrire des chroniques à l'occasion de ce qui était encore le Tournoi des 5 nations. L'idée était que je rendrais l'ambiance d'un bar différent, emblématique, de mon choix, pour chaque match. L'équipe de France de cette époque était magnifique. On se souvient des frères Carbonneau, de Lamaison, de Pelous, de Bernat-Salles, de Califano… J'écrivis trois chroniques, dans des conditions particulières, on imagine bien. Le texte devait être écrit à peine le match terminé et transmis aussitôt à la rédaction pour une parution le lundi. C'était exaltant, mais aussi un peu flippant pour un auteur qui écrit lentement… Mais c'était le jeu et j'aime jouer. Trois chroniques pour quatre matches… Pour une raison qui m'échappe encore, Libération me décommanda la quatrième chronique. Le dernier match allait se jouer un dimanche, il y aurait un problème de délai, peut-être bien… Ça reste malgré tout un fameux souvenir, et aussi un témoignage d'une campagne héroïque, qui du même coup rappelle l'esprit de Toulouse à cette époque, au siècle dernier.

***

# FAUT PAS VENDRE LA PEAU DE L'ANGLAIS

Ça promet ! Sinon une humeur partisane, du moins une ferveur de tous les instants, palpable, de cette ferveur qui ne va pas sans une certaine fébrilité. Au *Fair Play*, le rugby est traité comme un bel art, avec recueillement, frémissements et cris de joie. Le *Fair Play*, brasserie sise allées Paul-Feuga à Toulouse, est un établissement tenu par les frères Carbonneau. Philippe est à la mêlée, alors… Il y a aussi Califano, Pelous, Tournaire et Castaignède, Toulousain il n'y a pas si longtemps encore, et puis Sadourny, le voisin, le Columérin. C'est beaucoup de Toulouse qui joue contre l'Angleterre. Je ne serais pas étonné de voir des mecs en crampons, solidaires. Comme Marcel, qui ne tient pas en place sur son tabouret, le visage en lame de faux, la mèche rebelle, l'œil vif. Vif comme les Anglais qui débutent la première mi-temps tambour battant. Ils tirent les premiers, normal, ça paraît presque de bon augure, et Marcel grince des dents lorsque Bohringer ou Brasseur apparaissent sur l'écran. Ce n'est pas leur faute, mais ils détournent l'attention. Circulez… Les Anglais s'installent dans le camp français, jusqu'à la 10e minute, un combat de guerriers et ça vibre, ça va vite, on se demande si les Français vont tenir à un tel rythme. Bientôt la déferlante, même au ralenti ça va encore trop vite. Une pénalité jouée à la main, Lièvremont qui charge, Carbonneau qui récupère, remet à Brouzet, Carbonneau encore, Benetton qui perce et, une passe sautée, trouve Bernat-Salles, c'est l'essai, c'est superbe ! Marcel applaudit, comme tout le monde, puis il lance : « Faut pas vendre la peau de l'Anglais avant de l'avoir plaqué… » Il a raison : prudence. En deuxième mi-temps, les Anglais se rebiffent, avec Bracken, un poison, et puis Grayson, dont le pied constitue une vraie menace. Les Bleus ne sont pas à l'abri d'un retour, il y a de la tension dans l'air, je recommande une bière. J'ai à peine le temps d'y porter les lèvres que Castaignède, omniprésent, quelque peu en manque de chance pour trouver les touches, passe un drop, ça remet les pendules à l'heure. Marcel souffle dans sa mèche. Les Français ont beaucoup donné et ils subissent la pression, ça crève les yeux, les Anglais reviennent, ils sont plus mordants, poussent à la faute et marquent un essai au motoculteur. On applaudit tout de même, bon esprit, on est fair-play ou on ne l'est pas. Il n'y a plus que quatre points qui séparent les deux équipes. Les Bleus mettent un peu de doute dans les esprits, ils semblent plus dispersés, leur jeu moins harmonieux. Il faut une course en solitaire de Califano, une percée de Bernat-Salles et Castaignède qui échoue dans l'en-but anglais pour faire vibrer à nouveau les cœurs, croire que le bonheur est au bout. Il est une évidence, les Bleus reprennent du poil de la bête, ils occupent le camp adverse, la victoire ne peut plus nous échapper, et bien sûr Sadourny est applaudi à tout rompre lorsque, à la dernière minute, il réussit un drop. Marcel peut souffler et je l'entends qui affirme à son voisin : « Tu vois, au Parc des Princes ou à Saint-Denis, le rugby, ça ne se joue pas les mains dans les poches. »

# UN SCORE QUI APPELLE LE PASTIS

Qui se souvient ? Un soir de finale de championnat. Les rues envahies par une foule en liesse. Des canettes volent, les CRS chargent, ça dégénère, les lacrymos, à tir tendu, direct dans les bars, panique. On se souvient place Saint-Pierre, sur les bords de Garonne, à Toulouse, au *San Pedro*, au *Bar basque*, et puis *Chez Tonton*, c'était il y a moins d'un an. Chez Tonton, on sert le pastis au mètre, la bière dans des gobelets en plastique, on est prudent les jours de grand-messe. Rien à craindre cependant, sinon la bonne humeur, la parlote, on commente, on professe, on charrie, on déguste. Ils sont tous là : Pierre, le patron, Nicolas, Charlot et puis Philippe, le Catalan, le « treiziste », qui survient, qu'on acclamerait presque, qui se hisse sur un tabouret en bout de zinc. Ça tombe aussitôt : « La défense, c'est une question d'envie, et puis de la gestuelle ! » Le serveur enchaîne : « Les jambes sans les mains, c'est pas bon… » Il en faudrait beaucoup pour que Chalmers impressionne. On s'en prend plutôt à l'arbitre, c'est vrai qu'il y a hors-jeu, mais il ne faut pas chercher avec les arbitres anglo-saxons, on n'est pas de la même culture ! Et puis, de toute façon, les Écossais ne gagneront pas, avec ou sans lui. Ça râle, ça roumègue, et lorsque Walton cravate Bernat-Salles : « En taule ! » On met de l'ardeur, même si parfois cela paraît un peu embrouillé. Qu'importe ! On a d'autres raisons de se faire de la bile : l'espace d'un instant, l'image se brouille et Nicolas exige que le maître des lieux rembourse les bières ! Dans la foulée, il le chambre encore : « T'as pas le Minitel, on peut même pas participer au jeu !... » Fin de première mi-temps, Philippe demande l'entrée d'Aucagne, il sera comblé mais les têtes dodelinent. Pierre analyse : « Le centre est le point faible, ils ne cherchent pas à créer le jeu, ça nuit à l'aile. Quand Castaignède passe Lamaison, il y a danger, sinon... » Lamaison, comme botteur, est impérial, mais de son avis, il est « trop facile à lire ». Un vrai premier centre crée la différence. Les « pilards », eux, se donnent, à preuve l'essai de Cali, il crochète, prend l'intervalle, aplatit ! Les arrières sont-ils capables d'en faire autant ? On en arriverait à faire la fine bouche, comme sur le second essai de Bernat-Salles où Nicolas, à peine provocateur, juge que c'est mal joué... « En attendant, observe Pierre, ils prennent une branlée ! » Pas d'adjectifs, pas de superlatifs, on préfère des mots forts, ouais, les Écossais sont en enfer ! 51 à 16, le match est plié. 51, un signe ? Pierre ne tergiverse pas, on ne tergiverse jamais Chez Tonton, il lance au serveur : « Sors-nous une bouteille de pastis, je crois que ça s'impose... »

# MÊLÉE OUVERTE ENTRE DEUX PINTES

« On vient, on gagne et on s'en va ! » Présomptueux, les Toulousains ? Peut-être bien... *Le Killarney* est un pub situé rue Alfred-Duméril. Entre deux postes de télévision, l'un à l'entrée, l'autre près des W.-C, il faut choisir. Des maillots sous verre, de l'équipe de France, du Stade ou des All Blacks, forment une frise tout le long d'une poutre apparente. De jolies filles, rayonnantes, s'exaltent parmi une assemblée essentiellement masculine, compacte. Les grands jours, c'est de la folie. On se serre, on se bouscule, on chante, on tient avec fermeté son verre de Guinness. Les Irlandais de Toulouse sont au rendez-vous et on devine qu'ils ne seraient pas contre la perspective de jouer un vilain tour à des Bleus trop sûrs d'eux. Les serveurs aussi sont irlandais, à l'exception de Lionel. Parés de maillots verts, ils donnent de la cloche, chacun leur tour, à la pénalité réussie, à l'essai marqué, selon que le cœur balance d'un côté ou de l'autre. La cloche accompagne applaudissements et cris de joie, les relance à l'envi. Quand Califano apparaît en slip sur l'écran, ça siffle, et Nathalie remarque : « Y va quand même pas rentrer au vestiaire, et puis, hein, on en a vu d'autres ! » Les Bleus sont à la peine et on se rassure comme on peut, ainsi Guillaume qui observe : « Ça leur fera peut-être du bien d'être menés au score… » Tandis que Patrick martèle que les Irlandais bloquent le jeu… Chacun convient d'une chose, le match est musclé, ça cogne, ça piétine. Drôle de capitaine, ce Wood. Il cherche les huées ? Eh bien, il les a ! Personne cependant ne semble voir la banane que lui envoie Ibañez. On s'indigne plutôt qu'un Vert s'égare au milieu des Bleus dans une mêlée ouverte. Nathalie s'énerve, en perd la voix. Plus pondéré, entre deux rasades de Guinness, William professe : « L'équipe de France retombe dans ses vieux travers, retrouve ses démons. Avant de jouer, il faut imposer les fondamentaux. Il faut mener au score et broyer l'adversaire ! » Les Bleus jouent mal, trop de ballons perdus, trop de déchets en touche. Les Irlandais suscitent en lui le respect, ils sont comme il les aime, agressifs, conquérants. William insiste : « Les Bleus prennent le match à l'envers ! » et s'envoie une bonne gorgée de bière. Défaite ou victoire, ça n'empêchera jamais la bière de couler, pas au *Killarney*, ni la cloche de sonner, une cloche que Lionel, le crâne rasé, deux doigts dans les attelles, agite maintenant avec frénésie. Ibañez a donné l'avantage aux Bleus. Le soulagement est grand. Plus chauds, moins contenus sont les applaudissements. Le pub est irlandais, jusqu'à un certain point. Quelqu'un lance malgré tout : « Y a rien à dire, les Irlandais auraient dû gagner… » Il n'est personne pour le contredire, tout juste si on le charrie un peu. Curieusement, un autre enchaîne : « Bientôt, les mecs vont jouer en tutu ! Ils sortent de ce match sans une égratignure ! C'est pas honteux ? » Wood ? En tutu ?

*Pascal Dessaint est écrivain. Ses romans ont été récompensés par le Grand Prix de la littérature policière, le Prix Mystère de la Critique ou encore le Prix Jean-Amila Meckert. En 1999, il publie « Du bruit sous le silence », premier polar dont l'action se déroule dans le monde du rugby. Beaucoup de ses livres sont sous le signe de la nature malmenée. Il propose aussi régulièrement des écrits plus intimes, chroniques et balades « vertes et vagabondes ». Dernier livre paru : « 1886, l'affaire Jules Watrin », éditions Rivages.*

# RÊVER, C'EST ESPÉRER

Yohan Le Bourhis

*Ma plus grande fierté a été de pouvoir faire de mon métier la plus belle des passions, LE RUGBY. Nous avons tous vécu, au moins une fois, cette sensation de victoire qui nous traverse l'esprit et nous donne cette sensation d'immortalité. Qu'elle soit de courte durée ou installée dans une période plus longue, elle rend à la personne qui s'en est emparée, une émotion addict que seule son ennemie jurée peut reprendre : LA DÉFAITE.*

*La victoire nous offre toutes ces perceptions, car elle est le fruit d'un travail acharné, en amont. Un travail qui permet de trouver les moindres failles de l'adversaire. En effet, tout le succès d'une opération réside dans sa préparation. Nous avons tous espéré, un jour, pouvoir relever ce défi contre vents et marées par la faute de notre addiction au goût de la VICTOIRE.*

Je m'appelle Yohan Le Bourhis, je suis né à La Rochelle, le 14 mars 1994, et cela fait maintenant vingt-quatre ans que je côtoie les terrains de rugby, ballon en main. J'ai commencé ce sport non loin de là, à Surgères, une petite ville de 7 000 habitants où résident mes parents. D'abord parti à la Rochelle, mon club de cœur, j'ai ensuite réalisé mes premiers matchs professionnels à Biarritz pendant trois saisons. Mon chemin m'a conduit alors en TOP 14, à Castres, où j'ai vécu une de mes plus belles expériences. Mon tour de France des clubs a continué et j'ai posé mes valises à Oyonnax à l'autre bout de la carte, pendant quatre saisons. Aujourd'hui, je suis joueur à Nevers où je continue d'apprendre, mais encore plus à transmettre ce que j'ai appris tout au long de mon voyage.

Ma carrière a été marquée par deux événements qui ont scellé mon destin, à vie. Ceux qui me connaissent vont immédiatement penser à cette magique finale de TOP 14, le 2 juin 2018, car elle a constitué la réalisation et l'aboutissement d'un des rêves les plus fous qu'un enfant puisse imaginer. Des rêves auxquels jamais on ne penserait et qui, cependant, un jour, se réalisent.

Nous sommes le 28 juillet 2020, mon téléphone vibre et je reçois un message…

## Champion

Deux ans avant, samedi 19 mai 2018… Après une saison presque inédite, nous nous qualifions avec le Castres Olympique, sous les ordres de Christophe Urios, pour les phases finales. Le troisième de TOP 14 reçoit le sixième pour un match de barrage. Le gagnant ira en demi-finale. Vous l'avez compris, nous terminons la saison sixième au classement, synonyme de barragiste, et au terme d'une saison spéciale, nous jouons ce barrage face à la plus prestigieuse équipe de TOP 14 et sûrement de tous les temps, le STADE TOULOUSAIN, à Ernest-Wallon.

Deux feuilles de match totalement différentes se côtoient. D'un côté, l'une est remplie de noms d'internationaux ; de l'autre, on retrouve une équipe de village, comme aime si bien le répéter M. Urios. Le stade est plein à craquer, mais pas seulement de rouge et noir. Les drapeaux bleu et blanc sont aussi brandis dans toute l'enceinte du stade. Peut-être s'agit-il de la première erreur des organisateurs…

Le club de Toulouse a décidé cette fois-ci d'éparpiller tous les supporters de Castres dans les gradins au lieu de les installer dans un seul virage, pensant que le brouhaha des supporters castrais serait réduit. Ils vont en fait produire l'effet inverse. Leurs chants et encouragements sont décuplés, les exhortations montent de partout dans le stade Dès que nous sortons à l'échauffement, nous ne savons plus où donner de la tête, mais nous comprenons surtout que nous ne sommes pas seuls. Je suis 24e pour ce match : je supplée l'équipe, même pendant l'échauffement, au cas où, en dernière minute, un joueur se blesse. Je pourrais encore le remplacer. Si personne n'est blessé à la fin de l'échauffement, je ne peux plus jouer le match. Bref, je suis en quelque sorte le remplaçant des remplaçants. Il est très important de savoir que pour avoir quinze titulaires forts, nous devons former un groupe de vingt-trois soldats, remplaçants compris, encore plus fort. Et pour créer un groupe de vingt-trois « fort », il est besoin d'un collectif de trente « encore plus fort », hors groupe compris. Voilà pourquoi toute l'équipe est nécessaire durant toute la saison. Il est souvent dur de nous savoir 24e sur un match, car nous savons que nous ne jouerons pas dans la plupart des cas. Mais peu importe. J'ai une mission différente des autres, voilà tout. Mon travail est de tout donner pour motiver mon équipe.

Dès l'échauffement, je sors avec Benjamin Urdapilleta et Julien Dumora, afin de faire quelques échanges au pied. Benjy est quelqu'un de très relâché, mais très déterminé le moment venu. Quant à Dum's, c'est le rugby purement incarné. Sûrement le joueur le plus sous-estimé dans ce championnat. Je ne dois pas oublier qu'il est possible que j'intègre l'équipe au cas où… Je reste donc concentré aussi sur moi-même. Le match est un récital que nous allons offrir sous un ciel bleu et blanc. Tous les éléments sont réunis pour que nous jouions une belle partie de rugby. La compétition démarre. Nous marquons notre premier essai à la suite d'un ballon récupéré. Armand Batle se charge d'aplatir le ballon dans l'en-but à la 12e minute. Il double son compteur à la 44e minute pour porter le score à 6-20. Nous remportons le match 11 à 23 et nous accédons aux demi-finales de TOP 14 alors que personne ne nous attendait ici. Nous avons presque l'impression de déranger…

La demi-finale a lieu le samedi 26 mai 2018, au Groupama Stadium. 60 000 places. Le stade de Lyon fait le plein. Sous une chaleur accablante, nous tentons de garder la même routine. C'est une demi-finale, mais nous ne devons, en rien, changer ce que nous savons bien faire. Ou le moins possible. Lors de la mise en place – l'entraînement du capitaine –, je me tords la cheville, bêtement. Cependant, j'arrive à courir, même si je ne suis pas à 100% de mes capacités. Je pourrai faire face à la situation et sortir m'échauffer avec les gars. Un 24e qui se blesse. Chapeau ! Très honnêtement, je préfère que ce soit moi plutôt qu'un titulaire. Nous étions tellement bien rodés dans l'équipe que rien ne doit bouger. Je décide donc de me changer pour garder la routine d'échauffement avec Benjy et Dum's.

Mais au loin, je remarque le regard insistant de Christophe. Il se lève et, comme un professeur qui vient scruter son élève, il me dit :

« Pourquoi tu te changes ?

– Je vais m'échauffer.

– Et si tu te blesses à l'échauffement plus gravement et qu'on a besoin de toi si on va en finale ? Comment on fait ? »

Je sais au fond de moi que je ne serai jamais utilisé, même en finale, car cette année, j'ai peu joué. Et de toute manière, je ne pense pas qu'il ait suffisamment confiance pour me mettre sur le terrain, quitte à trouver une autre solution. Je retire mes chaussettes et mon short puis me rhabille. J'éprouve de la haine contre Christophe, mais aussi de la reconnaissance car je sais qu'il a raison. Le « imagine si on a besoin de toi ? » trouve un écho en moi. Je cherche donc un moyen de continuer ma mission, encourager mon équipe. J'essaie de digérer rapidement le fait que je ne jouerai pas ce match, quoi qu'il arrive. Je me place derrière les poteaux pour récupérer les ballons des buteurs et les renvoyer à la main comme je peux. J'ai tellement envie de taper dans ce ballon…

Le stade se remplit de plus en plus. Un détail attire mon attention jusqu'à devenir une évidence. Dans cette foule immense, bien que notre adversaire du jour, le Racing 92,possède quasiment les mêmes couleurs que nous, ciel et blanc, je me rends compte que notre nuance de bleu prend le pas dans les gradins, sur celle de nos challengers. Dès qu'une équipe se qualifie, le club possède environ 20 000 places pour les supporters et le même nombre pour l'autre club. Il reste un différentiel d'un tiers pour le remplir. Qui va donc venir ? Lors de l'annonce des compositions d'équipe, les joueurs castrais sont bien plus acclamés que les Racingmen. Non pas que le Racing 92, ne mette pas d'ambiance, c'est juste qu'il y a beaucoup plus de supporters derrière nous.

Je comprends alors que le public, comme le pays, commence à apprécier de plus en plus le petit club de village que constitue le Castres Olympique. Ils nous voient tels que nous sommes, des défenseurs de notre territoire, des invincibles Gaulois. Et il y a quelque chose de cela dans la partie ! La feuille de match ressemble à celle du précédent. Y figurent les Nyanga, Le Roux, Imhoff, Vakatawa, Rokocoko, autant de joueurs internationaux au curriculum vitae phénoménal. Face à eux, nous, encore une fois, la même équipe, les mêmes joueurs, les mêmes valeurs.

Le match qui suit, fait partie des plus rudes que j'ai vus de ma carrière. Les coups sont violents, le rythme affolant. Je me dis que si nous continuons ainsi, les deux équipes vont littéralement exploser. Il faut pourtant un gagnant. Nous commençons très bien, avec un essai à la 7e minute grâce à un énorme travail des avants. Vaipulu conclut le travail. 0-7 pour le CO. La suite est totalement différente : nous subissons beaucoup, mais ne rompons jamais. Grâce à la botte d'un grand Urdapilletta, nous reprenons le score à plusieurs reprises. Nous donnons le maximum pour défendre notre ligne d'en-but jusqu'à la 24e minute.

L'année précédente, nous étions partis avec mon père et mon frère suivre les demi-finales de TOP 14 à Marseille. Elles opposaient Toulon à La Rochelle – La Rochelle battue cruellement par un drop à la dernière minute – et Clermont au Racing Métro. J'étais encore sous contrat avec le Biarritz Olympique en PRO D2, mais j'avais déjà signé pour les trois prochaines saisons au Castres Olympique. Je me souviendrai toujours de la phrase de mon père dans les gradins : « L'année prochaine, ça sera toi en bas, tu verras ». Je n'y croyais pas une seconde, et pourtant… Alors que nous sommes une nouvelle fois outsiders, nous pouvons réussir l'inimaginable. Les Racingmen ont des derniers ballons pour remporter cette demi-finale. De notre côté, nous cravachons dur et vidons nos tripes, sur et en dehors du terrain ! Nous sommes tout un peuple à défendre notre territoire, jusqu'à cette erreur du pilier racingmen dans les ultimes secondes. Nos regards sont rivés sur M. Ruiz, arbitre du jour. Il met son sifflet à la bouche et siffle la faute des Ciel et Blanc. Fin du match, nous sommes en finale de TOP 14 au Stade de France.

Tous, jeunes sportifs ou même plus âgés, ont été confrontés un jour, à la motivation de la victoire. Pourquoi voulons-nous gagner ? Que recherche-t-on dans un titre ? La gloire ? La reconnaissance ? L'argent ? Au fil de mes années rugby, deux choses ont particulièrement attiré ce goût de victoire.

La première est la satisfaction du travail bien fait. Elle est venue avec le temps, car lorsque l'on a dix ans, nous ne comprenons pas ces choses-là, même si nous les vivons inconsciemment. J'aime que les choses soient bien réalisées dans la vie. Je suis quelqu'un de cartésien, j'aime les chiffres, les statistiques et il est particulièrement gratifiant de pouvoir réaliser ce pour quoi nous avons tant travaillé auparavant. J'appelle cela l'ACCOMPLISSEMENT.

La deuxième est un peu plus complexe. Je l'ai apprise sur le tard, grâce à ce message inespéré du 28 juillet 2020. La vie est faite pour être vécue intégralement. C'est toujours facile de le dire, mais comment faire ? J'ai remarqué que nous vivons dans un monde où, de plus en plus, les gens se focalisent sur le futur par rapport au passé, en fonction de ce qui nous entoure. Complexe à comprendre ? Notre vie est pétrie de définitions, de lois, de règles et j'en passe, que nous devons respecter.

Mais pourquoi ne vivons-nous pas, à l'inverse, au présent et pour nous-mêmes ? Levons-nous le matin en ne sachant pas ce qu'il va se passer dans la journée, en prenant conscience qu'il faudra tout accepter et s'adapter à tous les obstacles. Vivons sans nous soucier du jugement des autres. Jouons au rugby sans nous préoccuper de ce que le public va penser, nous nous enlèverons inconsciemment le stress négatif. Cette logique va quasiment à l'encontre de ce que je suis et de ce que j'ai évoqué précédemment. Voilà pourtant aujourd'hui ce que j'apprends. J'appelle cela le LÂCHER PRISE ou VIVRE L'INSTANT PRÉSENT.

La finale se tient le samedi 2 juin 2018. Escortés par la police, nous traversons l'autoroute A1 et contournons le fameux Stade de France. Bien que nous soyons dans notre match, sans aucun bruit, tous les regards se focalisent sur cet antre mythique. Oui, nous allons jouer là. Nous prenons une sortie différente, un immense portail se dresse devant nous et, une fois les portes grandes ouvertes, nous entrons par un passage presque secret pour toute nouvelle personne qui pénètre ici. Ce sous-terrain nous mène au Stade.

Une nouvelle fois, je ne sais plus où donner de la tête. Imaginez-vous, je vis du et pour le rugby depuis tout petit, je suis allé plusieurs fois au Stade de France admirer des joueurs talentueux dans de grands matchs. Nous devions prendre le métro parisien plein à craquer, puis marcher un long moment, faire la queue, espérant ne pas avoir perdu nos billets de match, pour ensuite profiter de la beauté de ce stade. Aujourd'hui, en cinq minutes, nous sommes dans les vestiaires…

Cette fois-ci, je peux m'échauffer. Je suis toujours 24e, mais le spectacle est trop beau pour faire mon bougon parce que je ne joue pas. En temps normal, je sors une heure avant le match pour m'échauffer, mais ce jour-là, je suis sorti presque une heure vingt avant…

L'échauffement se passe à merveille, je sens les joueurs concentrés. Nous sommes aussi un peu préoccupés par cette enceinte et surtout, par ceux qui vont la remplir. Ces derniers matchs, notre petite équipe de village s'est imposée au-devant de la scène et elle commence à être enviée par tout le peuple du rugby français, si ce n'est plus. Nous affrontons l'ogre montpelliérain, premier au classement de la phase régulière. Avec une victoire écrasante en demi-finale contre l'équipe de Lyon – 40 à 14 –, il est le favori de ces phases finales. Cette fois, nous risquons d'être mangés tout crus. Mais plus le stade se remplit, plus nous comprenons que la foule va être derrière nous, quoi qu'il arrive. Et lorsque le speaker, cherchant à faire monter la température, demande si les supporters montpelliérains sont présents ce soir, 10 000 cris explosent et font monter la pression.

Mais nous sommes maintenant dans un stade de 80 000 places. Alors vient le moment où il demande si les supporters castrais sont là. Jamais je n'ai entendu une aussi forte acclamation ... Les gens nous adorent, nous sommes les petits poucets, comme on appelle les plus raisonnables équipes de football en Coupe de France.

Durant la semaine, tout a été préparé à la perfection par le staff. Christophe nous a même prévenus qu'il ne faudrait pas être prêts trop vite, car lorsque les joueurs entrent sur le terrain, le match ne commence pas tout de suite. « Lorsque *la Marseillaise* sera finie, il faudra serrer la main au président de la République ! » nous explique-t-il.

Lorsque nous nous retrouvons tous alignés sur la pelouse, nous le voyons arriver vers nous. Il n'est pas le plus grand physiquement, mais plus il s'approche, plus il devient immense. C'est le président de la République. Les mains moites, je serre la sienne avec une certaine fierté, réalisant même l'exploit de lui parler de la petite commune proche de chez moi où mon oncle est maire. J'avais parié avec lui que j'y parviendrais… Je pensais que le chef de l'État allait acquiescer et tracer son chemin, mais à l'inverse, il s'intéresse à mes propos. Il me demande même le nom de la commune : La Ronde, en Charente-Maritime. J'en suis presque gêné, car nous avons un match à jouer et je suis en train de me préoccuper d'autre chose. N'importe quoi !

Le match s'avère aussi rude que le précédent, mais nous Mais nous arrivons à déstabiliser l'équipe de Montpellier. Rory Kockott, demi de mêlée, sait à merveille se faire détester par l'équipe adverse, afin de faire perdre tous leurs moyens aux joueurs. C'est tellement appréciable pour nous ! Benjy porte son rôle de chef d'orchestre à la perfection et notre Dum's, comme toujours, marque le premier essai. J'ai l'impression que tout s'enchaîne naturellement, que le match est anecdotique et que tout est écrit. Nous remportons le match 29 à13. Nous sommes Champions de France !

Je me retrouve tel un petit garçon de 10 ans à courir partout sur le terrain du Stade de France, les bras en l'air. Je ne suis pas le plus grand expressif dans la vie, mais là, je ne peux plus réfréner mon émotion. Je remercie Christophe. Je n'ai pas beaucoup joué cette année, mais c'est sans doute ma plus belle année de rugby. Je me retrouve nez à nez avec le capitaine. Comment ne pas évoquer ce personnage qu'est Rodrigo Capo Ortega ? Un monstre ! Il me serre dans ses bras et me met une petite tape amicale sur la joue. D'un air de devoir ACCOMPLI. « On est champions ! » me dit-il avec son accent sud-américain. J'ai pensé en mon for intérieur, que je ne l'étais pas vraiment. Je suis 24e. Je ne suis pas sur le terrain, donc je n'ai pas exercé une grosse influence sur le jeu. Pourquoi me permettrais-je de dire que je suis champion ? Je lui réponds par ces phrases, avec timidité ou trop de modestie. Lui, rétorque d'un air colérique : « Écoute-moi bien – il commence toujours ses phrases ainsi –, nous sommes trente joueurs champions et nous avons eu besoin de tout le monde cette année. Staff, joueurs et médical, tout le monde a gagné. Donc tu es champion ! »

La remarque a un effet apaisant immédiat. Je reprends mes esprits. Je suis champion. La règle même stipule que lorsqu'un joueur participe à au moins une feuille de match en Top 14, il est considéré comme champion à la fin de la saison. Autant vous dire que je ne me fais pas prier pour prendre au maximum ce gros et lourd morceau de bois qu'est le bouclier de Brennus. Je profite de chaque instant, j'embrasse mes parents, ma sœur et ma compagne, je suis privilégié et fier. Mais tout passe vite, trop vite.

Inconsciemment, j'ai réalisé les deux choses qui font de moi l'homme que je suis aujourd'hui. L'ACCOMPLISSEMENT de notre mission et le LÂCHER PRISE, car je vis l'instant présent. Je ne pense plus à rien, juste à moi, au moment que je savoure. La vie parfaite n'existe pas. Tout homme a vécu et vivra des moments de gloire, mais aussi de cruautés. Nous nous interrogeons souvent sur ce que sera notre destin. Qui le dirige ? Dieu ? Notre entourage ? Nous-mêmes ? Pourquoi sommes-nous là, au bon endroit, au bon moment, ou au mauvais endroit, au mauvais moment ? J'aime la logique des choses, j'essaie de tout gérer, tout calculer. Mais cela ne me fait-il pas défaut la plupart du temps ? Vous l'avez compris, je suis aussi très superstitieux. Comment faire pour évacuer tout ça ?

## Changement de rugby

Après mes années à Castres, je pars à Oyonnax. Nouveau défi pour moi. En manque de temps de jeu en TOP 14, je pense que ma place est faite pour la PRO D2. Non pas que je ne sois pas compétiteur, mais je trouverai dans ce championnat, le temps de jeu auquel j'aspirc. Joe El Abd, l'entraîneur de la défense de Castres, devient manager à Oyonnax. Il me prend dans ses valises.

Tous les deux, nous échangeons énormément sur le rugby. Nous sommes passionnés par son jeu : les stratégies de matchs, les statistiques, savoir quand il vaut mieux prendre les trois points ou chercher l'essai à sept points, en fonction de l'emplacement du terrain. Nous avons un tableau où des calculs ont été réalisés pour savoir quelle décision prendre compte tenu de notre situation sur le terrain et du score. J'adore tout ça, tout me correspond à la perfection. Tout est calculé. Sur le moment, je pense que les conditions sont réunies pour que tout se passe bien. Sans doute ai-je été aveuglé par tout cela. Notre stratégie est basée sur de la dépossession de ballon, nous ne jouons jamais dans notre camp. Nous possédons une très grosse défense pour récupérer une pénalité et, ensuite, tenter les points. J'enchaîne les pénalités les unes après les autres. Je finis meilleur réalisateur la première année, et deuxième l'année suivante, avec un total de 210 réalisations aux poteaux, 8 drops et presque 600 points inscrits. Je suis devenu une machine à « buter ». Mais je sens au fond de moi, qu'il me manque quelque chose. Un je-ne-sais-quoi que j'ai perdu de mon rugby d'enfance.

Ce mardi 28 juillet 2020 au soir, après un entraînement intense, je rentre, comme à mon habitude, chez moi. J'habite à dix minutes d'Oyonnax et je vis seul pour le moment, car ma compagne finit ses études. Je suis éreinté, je finis mon repas et me mets dans le canapé, ne songeant qu'à rejoindre mon lit rapidement. Mon portable vibre et je reçois ce message, un +44 : « Bonsoir Yohan, ici Jonny Wilkinson. Je t'envoie un message car j'aimerais qu'on travaille ensemble dans le futur. Je te contacte car je voudrais apprendre à te connaître. Est-ce qu'on peut s'appeler quand tu as un moment de dispo ? Bonne soirée à toi et à bientôt, mon ami. »

Mon sang ne fait qu'un tour. Une blague ? Je pense d'abord à un canular. J'envoie rapidement un message à Joe, lui demandant si c'est lui qui lui a donné mon numéro. Je décide quand même de lui répondre : « Bonsoir, je ne sais pas si c'est vraiment vous, mais comment avez-vous eu mon numéro ? C'est Joe qui vous l'a donné ? Si c'est vraiment vous, vous ne vous imaginez pas à quel point je suis le plus heureux ! »

Message envoyé. Je le relis et me dis que j'ai écrit n'importe quoi. Un gars de cette envergure, un monstre du rugby m'envoie un message, et je lui demande comment il a eu mon numéro… Telle une star… Je me prends pour qui ? Je ne sais plus où me mettre, je suis perdu. Et voilà que mon correspondant me répond : « Joe m'a parlé de toi et m'a donné ton numéro. Si tu es d'accord, nous pouvons nous appeler demain à 21 h (heure française). Et nous parlerons de toi. J'ai hâte de découvrir l'homme que tu es ! »

C'est bien lui ! Je trouve son message un peu excessif, mais j'apprendrai plus tard qu'il est comme ça, quelle que soit la personne en face de lui. Je n'ai plus envie de dormir, je suis trop excité. Je préviens mon frère, mon père et ma mère, j'appelle ma chérie en leur demandant de n'en parler avec personne. Je veux rester dans la discrétion, même si mon plus grand rêve est en train de se réaliser. « Putain, Jonny Wilkinson… »

Très vite, mon téléphone sonne à nouveau, cette fois en FaceTime. Jonny m'appelle. Je n'ose même pas répondre tellement j'ai peur. La même crainte que dix minutes avant le coup d'envoi d'un match. « Salut mon ami !… »

Je suis en FaceTime avec Jonny. Il m'appelle mon ami. Il me met très rapidement en confiance. Malgré son français pourtant quasi parfait, je ne comprends rien à ce qu'il me dit. Je m'attends à ce qu'il me parle de technique de rugby, de nutrition, de stratégie de match. Mais rien de ça. Il m'évoque l'esprit de la personne, et le potentiel humain qui doit être révélé au quotidien. Je suis presque déçu de l'appel. Pourtant, il va changer ma vie.

Tout rugbyman connaît Jonny, c'est un joueur qui a tout gagné. C'est également quelqu'un qui a dû se réparer et aller de l'avant, à la suite des multiples blessures qu'il a connues dans sa carrière. Aujourd'hui, j'ai le privilège qu'il me transmette son secret de réussite. Mais au fur et à mesure que nous conversons, j'ai l'impression de ne rien apprendre. Ou plutôt, que j'ai déjà en moi tout ce qu'il me dit. À un moment, j'ai presque la sensation que nous n'avançons pas tous les deux. Jusqu'au jour où je prends conscience que son but n'est pas de m'appendre quelque chose mais de me pousser à découvrir et comprendre les choses par moi-même. Nous discutons sans cesse de notre esprit face aux contraintes quotidiennes. Notre éducation fait que celles-ci peuvent être ou non franchies. Ce qui exprime une possibilité. Nous définissons cela par le potentiel.

Pour résumer mes propos : nous nous donnons une étiquette nous indiquant que nous pouvons, ou pas, réussir une tâche ou une épreuve. On se pose une limite – exemple du demi d'ouverture qui ne sait pas plaquer, donc on l'attaque souvent face à un avant pour gagner du terrain. C'est juste notre esprit qui nous dit que nous ne pouvons pas le plaquer fort pour gagner notre lutte. Mais nous pouvons le faire et nous l'avons déjà vu sur un terrain. Il suffit de regarder les plaquages de certains joueurs étant deux fois moins lourds que d'autres. Comment faire alors pour dominer notre esprit ?

Je reviens sur ce que je viens d'évoquer et que j'ai compris sur le tard, concernant notre perception de l'instant présent. Si nous sommes focalisés sur le futur par rapport au passé en fonction de ce qui nous entoure, notre esprit nous dominera. Nous penserons aux autres – « Si je rate le plaquage, ils vont se moquer de moi, ou je peux faire perdre l'équipe. » « Si je rate la pénalité, le public va me détester. » – et à nous-mêmes – « Je vais faire attention au plaquage parce que je peux me blesser ou si je rate cette pénalité, on va dire que je suis nul. » On en oublie tout simplement l'action du plaquage ou du tir au but au moment donné. Nous ne nous préparons donc pas à plaquer ou à buter.

Se focaliser au présent pour soi-même, cela équivaut à donner toute son énergie, dans la même direction, mettre l'impact en serrant fort les bras sur l'adversaire. « Tu arrives et bang ! », comme dit Jonny. Pareil pour le tir au but. Voilà ce qu'il réussit à faire sortir de moi. Je comprends que ce n'est pas juste moi qui en suis capable, mais toute personne sur Terre.

Aujourd'hui, ces deux termes d'ACCOMPLISSEMENT et de LÂCHER PRISE, font de moi la personne que je suis. L'un me permet de garder une certaine structure quotidienne, car bien évidemment, nous ne pouvons pas faire tout et n'importe quoi. Et le deuxième de réaliser de grandes choses. Notre esprit est capable de nous faire nous dépasser. Un grand marathonien disait que si nous proposons dix millions d'euros à une personne, en échange d'une course de dix kilomètres, elle le fera presque sans problème. Alors oui, la récompense est alléchante, mais notre esprit est capable de le faire même sans récompense. Je répète, levez-vous demain matin ne sachant pas quels seront les obstacles de la journée et vivez-les pour vous-mêmes. Vous accomplirez des actions inouïes.

Aujourd'hui, je suis un nouvel homme, tout particulièrement dans le rugby. Je suis à Nevers avec un tout nouveau projet de jeu totalement différent. Basé sur la possession, le rugby que nous produisons est presque spectaculaire. Je me suis beaucoup imprégné des livres de Pep Guardiola. J'ai l'impression que ce coach se focalise presque plus sur le spectacle footballistique que sur les titres. Les supporters en sont plus qu'heureux. À

Nevers, je commence à ressentir cela, nous nous sommes régalés cette saison, avec énormément de jeu et un public en feu… J'ai retrouvé le rugby de mon enfance !

---

*Yohan Le Bourhis est un joueur français de rugby à XV évoluant au poste de demi d'ouverture. Il est passé par le Biarritz olympique, Castres olympique, à Oyonnax rugby et joue aujourd'hui à l'USON Nevers Rugby. C'est la première fois qu'il écrit une fiction.*

# UN AUTRE ENJEU EN VALLÉE D'OVALIE

Pierre Melendez

## Samedi soir

Ce soir, samedi soir, il est déjà bien tard, et le froid engourdit le village de Labarhis. Ici, dans la vallée de l'Adour, vieux pays de collines étalées et de plaines lentement drainées par le fleuve et ses affluents, les températures frôlent rarement le point zéro, mais ce soir, ça caille !...

Quelques saules et peupliers se répandent sur les berges, peuplés d'oiseaux migrateurs en quête d'un abri, alors que les platanes alignés sur la place principale dominent les maisons en sommeil. Des gamins aux tifs en bataille, bouilles chiffonnées des premiers songes, s'appellent sans relâche sur leurs portables cachés sous les draps : « Oh putain, c'est demain le match ! »

Le plus petit de la bande, le petit Greg comme on l'appelle, ne parvient pas à s'endormir, obsédé par l'idée de récupérer le ballon de la rencontre...

## Dimanche matin

Au pied de l'église, des femmes drapées dans des toiles aux couleurs du club, le jaune et le noir, chantent l'hymne communal : « *Admire la houle des collines et le fleuve fougueux – Regarde vers le sud les sublimes Pyrénées – Écoute le chant de nos campagnes* ». À leurs côtés s'avance la cohorte des hommes qui vont jouer dans leur nouvelle tenue officielle, bien obligeamment offerte par leur seul, unique et éternel sponsor, le domaine des frères Bergons, dénommé « Le Pied de Vigne », qui sait faire couler des rasades d'amitié après chaque match.

Les quinze joueurs s'avancent d'un pas princier, le regard fier, encadré de crèmes apaisantes parant les coups à l'avance, un large sourire à la gueule ou une grimace présageant des chocs à venir ; quinze joueurs et pas un de plus, car le vieux Coumès, remplaçant polyvalent, a du bois à polir et s'est fait porter pâle, il ne viendra que pour la troisième mi-temps, s'il a le temps… Il l'aura !

Greg aussi l'aura… le ballon du match. Il en est persuadé. Il se glissera entre les pattes des joueurs, il se fera encore plus petit qu'il n'est, il sera invisible et adroit, et les grands qui se moquent de lui et de sa taille, eh bien ils vont bien voir ce dont il est capable… De récente mémoire, l'œil noisette de Greg ne s'est jamais baissé, un peu gêné, devant le mépris d'un merle à deux pattes. Il est moqué pour sa taille de lilliputien ou son bégaiement ou parfois un drôle d'accent qui lui échappe, mais il rétorque à ses mauvais camarades : « Je je je je m'en fiche ! Vous vé vé vé verrez bien que que que je suis plus malin que que que vous. » Et laissant le petit garçon à ses pensées, le feuilleton continue, ambiance festive à Labarhis, les décisions municipales en suspens, les potentielles engueulades entre voisins pour un temps en repos, tout un tas d'individus cette fois rassemblés dans l'attente du premier choc des mêlées concassées.

Les adversaires sont déjà en place, le match va bientôt commencer. Du terrain comme des tribunes, il apparaît rapidement que ce jour n'est pas comme les autres jours, que ce match n'est pas comme les autres matchs. Il se jouera au « terrain neuf », comme disent les anciens pour désigner ce territoire où combattent de tout temps les gars du coin. « Ce sport représente un défoulement des passions, un rituel collectif qui permet à tous de se fondre en notre communauté », explique doctement M. Saget, maire du village, ancien talonneur qui sait traduire littéralement de quelle façon symbolique on peut défendre ses terres. Il s'agit donc de procéder à un véritable acte de défense, d'homme à homme, en corps à corps, cœur à cœur, loin de toute procédure législative. Au quotidien, la moindre incartade conduit inévitablement à d'interminables jugements, des procès-verbaux, des mesures administratives dépassant les enjeux de départ, alors qu'avec un ballon ovale entre les deux équipes, on pourra se cogner, s'écharper, se plaquer, sans risque de représailles hors du champ de bataille. On ne pourra pas trahir, changer de camp, donner des coups bas, tricher, et le jeu, limité par le temps du match, l'espace du rectangle vert et le nombre de joueurs, devient un monde de paix sous des aspects guerriers.

Les Labarhiés, c'est ainsi qu'on les nomme, réputés jadis pour être des bandits de grands chemins, pillant les vigueries royales du Madiran et les volaillers faisant marché de bastide en abbatiale, descendants plus ou moins directs de la soldatesque de Gaston Phébus, mais aujourd'hui se consacrant à l'élevage de vaches laitières pour les grands groupes de l'industrie agroalimentaire, retrouvent leur âme batailleuse, et leur défilé martial ressuscite d'anciens chants élogieux.

Greg n'a pas peur lui non plus de prendre des coups, ni d'en donner d'ailleurs, du bout des doigts ou la main plate contre le visage, ou le poing sur le crâne… Il n'a pas peur de saigner du nez, de s'écorcher les genoux, de se faire gronder par sa mère si attentive à la bonne éducation de son fils. Sa mère, sidérée par la violence de son siècle, porte en elle les stigmates de la naissance de ses deux enfants, jusqu'à créer le malaise par des comportements publics décousus. Greg et sa sœur jumelle Rose, sont nés dans une caravane, promenés de parkings en cabanes de tôles parmi les ruines d'un pays chauffé à blanc, brutal, lancé à corps perdu dans une névrose sur laquelle plane également, sur un plus petit périmètre, le fantôme du père filant tel un poisson visqueux entre les mains du monde réel. Ce matin, une casquette de l'équipe sur la tête, l'écharpe jaune et noir autour du cou, des paillettes plein les yeux, Greg veut apaiser les tourments de sa mère, attiser la fierté d'un père inconnu, peut-être même prendre sa place… Il attend le bon moment… « Cé cé cé c'est à moi de m'organiser, de de de m'adapter à ce qu'il se passe tout tout tout tout autour, pour essayer de ca ca ca capter mon petit bo bo bo bonheur... »

## Le match

Les joueurs avancent d'un pas lent mais assuré, munis de leur seule bravoure, laissant leurs fusils de chasse au placard et leurs opinels aux vestiaires. Ils ont seize ans, vingt, trente, quarante balais, parfois plus, et avant la rencontre, tous s'échauffent, patiemment encadrés par leur coach, soigneur, coupeur de citron, jardinier, et autres fonctions vitales, celui que l'on nomme Arros, fringant retraité des stades, qui lui aussi, lui surtout, pousse, saute, tape dans les mains et donne de la voix.

Le meilleur, c'est Aignan. Le meilleur, c'est Malmusson, le meilleur c'est Lembeye, le meilleur, c'est Bouzon, le meilleur, c'est Loussous, le meilleur, c'est Aunix, le meilleur c'est Maspié, le meilleur c'est Sadirac, le meilleur, le meilleur, le meilleur… Chaque famille a son joueur préféré, appelé par son nom de famille ou le surnom ancestral qui le suit de génération en génération, et les spectateurs alignés le long des balustrades font office de managers, entraîneurs à leur tour, encourageant les uns et les autres ou vitupérant contre l'arbitre, un petit bonhomme au crâne dégarni qui tente d'imposer une juste discipline. Sifflet à la main, il va donner le coup d'envoi, le monte à la bouche, mais les joueurs font peu de cas de l'homme en noir. La partie commence comme par surprise, des cris s'élèvent dans le public et la clameur couvre la poussière soulevée par les crampons ardents. Le ballon vole de main en main, des vagues d'attaquants déferlent sur les gars en position de défense, le sol tremble, les palombes sont effrayées par les chandelles traversant les cieux ; les foulées sont rapides, les contacts massifs et les oreilles rougies en mêlées. Un essai est planté au bout du pré.

Le gars Arros, petit père de tous les joueurs, ordonne la remise en jeu alors que tout le monde attendait le coup de sifflet de l'arbitre officiel. Tout le monde repart alors en courant, ne s'occupant plus que d'aller tout droit devant. Le ballon n'existe plus. Les règles s'évanouissent, de même que les mamans et les fiancées choquées par la violence du combat. Le jeune Aignan s'emballe, entouré de ses coéquipiers formant un rempart, il bondit, surgissant de la mêlée tel un sanglier furieux, accélère encore pour percer la défense adverse mais ne parvient pas à leur échapper et se retrouve enseveli sous une masse informe. Ses copains s'échinent à l'extraire du magma gluant, la boue remplit les plis sous les cuisses et les godasses, ses bras et ses jambes sont saisis, arrachés à la bataille, son cou tiré vers le haut, ses oreilles vers le bas… Temps mort ! L'action est interrompue par M. Bilhe, président du club adverse, beau-frère du pilier gauche local, et qui, pompier volontaire, va placer Aignan, étouffé par les bras des plaqueurs, en position latérale de sécurité. Les autres se relèvent un à un et l'on ne distingue plus qui est qui, ni pour quelle équipe il joue. Bras et visages marqués au fer rouge.

Le petit Greg encourage ses favoris et ne quitte pas des yeux le cuir ovale volant de main en main, l'ancienne panse de brebis aujourd'hui plastifiée et fabriquée à grande échelle par les petites mains, on y revient, des usines-dortoirs de Manille et ailleurs, bien loin du fragile cocon abritant désormais notre gosse des champs… « Je je je je suis arrivé de loin moi moi moi moi aussi, avec ma maman et et et ma sœur, de si loin que que que

que je ne sais plus vous dire dou dou dou d'où je viens, d'un pé pé pé pays en guerre... » Plein de courage, sûr de ses faibles forces et d'une bonne grosse dose de confiance accumulée au cours de ses conversations naïves mais décisives avec Rose, le garçon ressent ce besoin de s'extirper d'une trajectoire jusqu'ici bancale mais promise à plus d'assise et de stabilité. « Je je je je vais tout tout tout rembo bo bobiner », promet-il à sa sœur entre deux actions des titans du jour.

L'équipe de Labarhis donne un nouvel engagement, personne ne sait plus quelle tactique suivre ni à qui donner le fameux « cuir ». Tous se déploient sur les deux mille mètres carrés d'herbe rare. Comment leurrer l'adversaire et aplatir en coin ? Personne ne sait trop bien dans ces petites divisions, et comme le dit monsieur le maire : « La balle à l'aile, la vie est belle »… même si personne ne sait réellement faire le fameux cadrage débordement, au mieux un raffut raté qui ressemble à un poing dans la gueule. L'ailier réclame le ballon. Il s'échappe, fait la passe au numéro 10 poursuivi par ses adversaires au collectif si indiscipliné qu'ils se percutent les uns les autres, se plaquent entre eux et laissent filer le demi qui a fort bien trouvé l'ouverture et aplatit enfin dans l'en-but adverse. Une clameur s'élève et une douce folie s'empare du public en une joyeuse confusion faite de cris, de chants, d'embrassades, de casquettes projetées le plus haut possible, d'appels joyeux, de verres renversés et de bras tendus vers la pelouse, comme pour mieux happer ce sentiment de victoire. Les points s'inscrivent à la craie sur le tableau piqué à l'école pendant les grandes vacances et vient l'heure tant attendue des paris. Chacun s'attache à miser sur un essai à venir, sur l'issue d'une action, sur le score ou sur le nombre de bagarres qui émailleront encore la rencontre. « Si mon fils fait la passe au tien, ça fera un drop et je te parie un panier de cèpes qu'il le réussit ! », déclare un des spectateurs à son voisin. « Je te donne un jambon si on gagne pas ! », s'apostrophent deux mères de joueurs. « Un canard en jeu pour le nombre de points de notre équipe, qui parie avec moi ? » demande un fermier du coin. « La tournée générale si on gagne, nom de Dieu ! », s'exclame le patron du café de *l'Union*. Dès lors, tout devient plus intense, plus dangereux même, car tous les joueurs savent qu'il y a de l'argent ou des filets garnis en jeu. Leur père a peut-être carrément misé sa paye, leur mère une trop forte somme également, leur frangin sa propre mobylette et leur cousine un baiser en douce. Honneur et intérêts sont en jeu, il est désormais hors de question de perdre et de faire honte à sa famille, à son village.

Arros sent bien que les visiteurs ont baissé de régime et encourage les garçons à attaquer encore plus fort : un coup de pied en diagonale, un sprint le long de la touche, une chistera majuscule, un plaquage évité et voilà les locaux largement devant alors que le match touche à sa fin. L'arbitre n'aura pas le loisir de se signaler une dernière fois : la foule envahit le terrain, signifiant ainsi qu'il est temps de célébrer les vainqueurs. Harassés mais heureux, ceux-ci sont enlacés et embrassés par les enfants en plein tourbillon d'allégresse et de félicitations. Les vaincus ne s'attardent guère sur le pré, les bras ballants et la mine déconfite, et rejoignent les vestiaires en silence.

Derrière eux suivra Greg, l'air conspirateur, convaincu de sa bonne étoile et bien décidé à réussir son pari. Son plan est fort simple : s'infiltrer dans le bâtiment dès le coup de sifflet final donné, se faire petite souris, invisible sous les pieds des mastodontes, repérer la place de son désir ardent dans le sac à ballons. Facile, ce sera le plus crotté de frais. Ensuite ramper ou glisser tel un ver de terre trop malin vers sa denrée tant convoitée, y mettre les pattes dessus, abandonnant alors son rôle d'anguille, toujours à l'abri des regards des grands, trop occupés à siffler les premières bières de réconfort et à chanter la victoire le plus fort possible, de façon à humilier encore les adversaires meurtris. Greg tendra le doigt et désignera ainsi la pile de maillots souillés, jetés au sol, cachant l'objet convoité. Il disparaîtra soudain de l'ordre du monde et ne réapparaîtra que muni du ballon, caché sous son tricot, ce vieux pull donné par les bonnes œuvres locales qui témoignait de sa situation familiale, mais qui devenait alors l'étendard sous lequel se déploierait sa fierté.

Il jaillit donc de son siège, excité. Il doit agir très rapidement car il a pris du retard à cause de cet arbitre qui n'a pas su siffler la fin de la rencontre. Il ne sait pas quelle attitude adopter, il doit rester discret, se mêler un peu aux effusions, mais faire en sorte de s'éclipser rapidement. Il doit atteindre les fameux vestiaires avant les joueurs qui quittent lentement le pré ; il avance, il avance, il bouscule, il évite, il bouscule, il avance... Enfin arrivé devant la porte, il garde une certaine distance, ne pas se faire remarquer, mais qui remarquerait ce bout de chou en apparence inoffensif dans le vacarme ambiant ? Il s'accorde quelques secondes de respiration juste avant de pousser le battant lui ouvrant l'accès aux pièces sacrées. Alors, comme dans un de ces mangas qu'il regarde en cachette le soir avec Juliette, il devient le héros de sa propre aventure, remuant son destin et sa personne. Comme un intrus qui s'invite dans une réception, il inspecte les lieux et décide de se cacher avant que les joueurs ne se pointent, se rendre invisible, comme prévu.

« Eh petit ! Qu'est-ce que tu fais là ?! » lui adresse en une fausse gueulante le numéro 6, dont il ne connaît que le numéro, le 6, que l'apparition du marmot sous son banc fait bien marrer. Cela fait un moment qu'il a remarqué ce petit garçon qui vient aux entraînements, qui les encourage sans cesse et qui a l'air de savoir ce qu'il veut derrière son front déterminé. Et puis, il ne passe pas inaperçu avec sa copie conforme, son double en fillette, et leur mère idem, façonnés tous trois par une vie à gros bouillons par-ci et doux veloutés par là...

« Alors, tu veux quelque chose ? »

Sans répondre au gaillard, Greg s'empare du ballon et, poussé par un élan venu du fond des temps, se hisse sur les épaules de ce même gars et crie sa joie, sa fierté, sa vitalité : « Vous vous vous vous ne pouvez pas pas pas pas vous imaginer à quel point je je je je suis heureux d'avoir fait ça, oh oh oh oh oui, ça veut dire que que que que je ne suis pas tout seul et que que que que je ne lâche pas et que que que moi aussi je suis ca ca ca capable de tout ! »

## La soirée

Coumès et quelques clients ne daignant pas bouger de leur socle sont déjà là, assis à leur table fétiche, celle au coin du comptoir de *l'Union*. Ils ont compris que l'équipe avait gagné et se sont déjà servi deux ou trois verres pour fêter la victoire.

Les joueurs sortent du stade, défilant à nouveau, dans leur plus beau costume cette fois, les maillots ayant rejoint les tas de linge sale et bientôt les machines à laver domestiques. Ils marchent à la queue leu leu, en frappant dans les mains au rythme de l'hymne de Labarhis, sautant aussi sur les temps forts, accompagnés de la foule en délire. Tous convergent vers la place centrale pour faire la troisième mi-temps, accompagnés par Greg qui exhibe son trophée aux yeux de ceux qui le dénigraient, leur prouvant que sa parole de bègue comptait, qu'il savait se mettre en avant et qu'il marchait cet après-midi en compagnie des mecs du village, avec sa sœur à ses côtés, leur mère juste derrière, désormais assurés tous les trois d'être où il fallait être, d'exister, de se fondre dans l'Adour, de parcourir librement les collines, jusqu'à trouver l'équilibre au plus étroit de leurs crêtes.

D'une traditionnelle soirée entre hommes, on est alors passé à de joyeuses libations mixtes, plus excitantes encore… Toutes et tous se saluent et se congratulent les uns, les autres, il n'y a plus que des vainqueurs, les deux équipes confondues dans la liesse et l'ivresse. Ils chantent à tour de rôle, puis en chœur, comme un fort battement de cœur, une sorte d'ode collégiale à la vallée et à la vie. Les esprits se rassemblent alors autour de la traditionnelle garbure à base de tout ce qui est bon. Dans une surenchère de louanges, les filles enlacent leurs amoureux ; eux-mêmes, aux yeux soulignés du bleu de l'uppercut, les complimentent en retour pour les encouragements entendus tout au long du match. Quelques critiques aussi font mouche et les répliques s'enchaînent, déclenchant des rires à chaque bout de phrase, où la douceur des mots d'une maman côtoie la férocité verbale des vieux potes qui se chambrent entre deux bouchées. Les festivités sont bien entamées lorsque la nuit s'invite au village ; cette fois, le match est bien terminé. « Qu'est-ce qu'on s'est mis !... »

## La nuit

Greg, les dernières gouttelettes de chocolat chaud avalées, va s'endormir en pensant à Robin des Bois, dérobant aux riches – tous les adultes, tous les grands, tous les autres – pour donner aux pauvres – les petits garçons comme lui par exemple –, savourant encore sa conquête personnelle, son match dans le match, sa victoire solitaire : le gain du ballon ! Patiemment nettoyée alors que les agapes battaient leur plein au centre du bourg, cette olive cuirassée, capable d'encaisser les gnons les plus féroces, sert ce soir de doux oreiller au jeune héros, qui n'est déjà plus le « petit Greg », blotti entre sa sœur et sa maman dans le canapé-lit de leur logis du centre d'accueil où ils sont maintenant tout à fait prêts à reprendre vie !

Au siège du club, après la potée et les côtes de bœuf saignantes, après les carafons de Madiran, le café-chicorée et les fonds de gnôle, les derniers gosses sont enfin mis au lit. Demain ils prendront le car pour l'école. Les étudiants eux sont déjà repartis en ville, attrapant de justesse le dernier train ou en covoiturage, avec le sac de sport en guise de cartable. Ceux qui lèvent tôt et se couchent tôt ont aussi déserté pour laisser place libre aux derniers soiffards, rougnards, célibataires endurcis par la solitude des verres remplis ainsi qu'à une dernière poignée de nanas échappant aux règles établies.

L'aspect brutal des conversations qui s'engagent n'empêchera pas toute une poésie rurale de s'y étendre et s'y faire entendre. Ainsi à Labarhis s'épanouit une histoire populaire, loin des dimanches moroses et d'une moralité toute relative que les pisse-froid s'emploient à appliquer.

Ainsi à Labarhis, les rêves des jeunes grimpent au plus vite, au plus haut, enhardis par les esquives et les courses folles de leurs champions, ainsi pourraient vivre les vallées do do do d'ovalie.

**FIN**

« Et ça joue, oui ça joue comme s'il y avait un enjeu, je veux dire un autre enjeu que le jeu lui-même, et peut-être le "je" de vivre sa jeunesse à sa bonne heure. Et je souris à la puissance des rêves, à la magie de l'enfance, et à cette phrase-étincelle qui me traverse là, tout de suite, maintenant : aucun enfant, n'est plus petit que son rêve. » Marc Alexandre Oho Bambe – *Le Point Afrique* - Publié le 14/12/2022, à 14 h, à Essaouira.

*Né en 1966 à St-Girons (09), Pierre Melendez a grandi à Labrespy (81) et His (31). Après Mazamet, Toulouse, Rouen, La Rochelle, la Guyane française et les Landes, Pierre vit aujourd'hui en famille à Artagnan (65) où il dirige l'association culturelle et est également conseiller municipal. Tour à tour écrivain public, correspondant de presse et professeur documentaliste, Pierre participe activement aux salons du livre de la région et à des lectures poétiques. Souvent associé à des artistes pour la réalisation de recueils illustrés ou avec le monde du spectacle, c'est dans le foisonnement des images et la libre circulation des mots que Pierre cherche à envoûter ses lecteurs tout au long des quinze ouvrages jusqu'ici publiés... dont* Les Chemins de l'exil, *chez Arcane17 en 2021, un recueil de poésies consacrées à la retirada de 1939, mais aussi* Se détacher de la glaise, *dernière parution en janvier 2023 aux éditions Vox Scriba, en collaboration avec le Théâtre des 7 Chandelles.*

# BIEN PLUS QU'UN MATCH DE RUGBY

Patrick Fort

Je me souviens.

Nous étions le dimanche 9 juin 1996. Le sort du monde allait se jouer à Aire-sur-l'Adour, à l'occasion de la finale du championnat de France de rugby amateur de 1re série.

Notre adversaire était Ustaritz Jatxou, un club basque. Nous, les Bigourdans du Racing Club Saint-Péen allions les laminer, les dévorer, n'en faire qu'une bouchée. Ces quatre-vingts minutes seraient pour eux interminables. À l'issue de la rencontre, il ne leur resterait plus que leurs yeux pour pleurer des larmes d'amertume.

Certains avaient rejoint le stade par leurs propres moyens. Libres de partir et de revenir quand bon leur semblait. D'autres avaient préféré prendre les bus affrétés par le club et la mairie. L'ambiance festive et chaleureuse entre supporters ; à la buvette, pouvoir s'envoyer des demis dans le cornet sans avoir à se soucier des gendarmes au retour ; célébrer et partager la victoire finale qui ne laissait l'ombre d'aucun doute, autant d'arguments qui avaient incité le plus grand nombre à choisir ce moyen de locomotion.

Nous étions les favoris. Le titre nous tendait les bras. Aucun doute n'était permis. Aux tours précédents, des Périgourdins, des Audois, des Béarnais et des Franciliens se souvenaient encore des solides rocs sur lesquels ils s'étaient fracassés. Ils soignaient toujours leurs blessures et leur désillusion.

Nos courageux piliers allaient épuiser inexorablement leurs vis-à-vis, les éprouver dans leur corps et dans leur chair. Nos deuxièmes et troisièmes lignes avaient écrasé ceux qui avaient eu la malchance de croiser leur route. Nous étions confiants. La réputation de notre mêlée était légendaire et notre demi d'ouverture avait une vision du jeu exceptionnelle. Et que dire de notre arrière aux relances incroyables ? Sur ses appuis, il serait inarrêtable. Quant à nos trois-quarts, après le travail de sape du pack d'avants, ils termineraient le boulot pour planter les banderilles assassines derrière la ligne d'essai adverse.

Au moment de monter dans le bus, j'observe fièrement les vitrines des commerçants. La ferveur populaire me donne des frissons. Je suis fier de mon village et de ses habitants. La rue principale arbore les couleurs locales : le rouge et le bleu. Des guirlandes, des fanions, des ballons, des photos de l'équipe des braves guerriers qui se préparent à en découdre, fleurissent sur les pans de mur et s'affichent sur les façades des maisons. La ville de Saint-Pé-de-Bigorre entrera ce soir dans la légende et inscrira à jamais ses lettres dorées dans l'éternité.

Les vainqueurs acclamés par une foule en liesse, brandiront le bouclier tant prisé, devant une place qui ne désemplira pas de toute la nuit.

Pour célébrer leur retour triomphal, tout a été prévu afin de rendre un vibrant hommage aux combattants fourbus et cabossés.

Sur la place, les employés municipaux ont monté un chapiteau pour accueillir le plus grand nombre. Au fond, trône l'estrade qui semble abandonnée pour l'instant. Dans quelques heures, des supporters assoiffés vont déferler dans les rues de Saint-Pé-de-Bigorre. La buvette est en place et les attend. Le calme avant la tempête

Les anciens, qui n'ont pas pu se rendre à Aire, sont installés sur les bancs, à l'ombre des marronniers séculaires. Le béret vissé sur la tête, le transistor réglé sur la bonne fréquence et le cœur déjà palpitant.

Les retardataires garnissent les derniers sièges libres, saluent à la cantonade et nous voilà partis vers la gloire.

Toutes les figures locales ont fait le déplacement. Bruno Pezzarini, dit « Blanche-Neige », s'est déjà échauffé à l'apéritif et entonne Montagnes Pyrénées avec son frère Thierry, surnommé « L'alambic ». « Jojo » Mounic chante plus fort en reprenant à sa façon Quoi ma gueule ? Félix, « Le chat », est assis à côté de lui. Il vous cache les clés si vous avez le malheur de les laisser traîner sur le comptoir. Il dévisage les passagers d'un air espiègle, pensant à sa prochaine farce. « Quesch », turfiste et amateur de vin blanc, râle dans son coin, agacé par le bruit et prend à témoin M. Coureau. Sa casquette et sa barbe le font ressembler au marin de la pub, alors tout le monde l'appelle « Captain'Igloo ». Sauf qu'il vient de prendre sa retraite de charcutier.

« Jo » est également présent. Il vient de sortir de l'hôpital. Il est un peu fatigué mais, pour rien au monde, il n'aurait voulu manquer ce match.

M. Joseph n'y connaît rien en rugby, mais a tenu à être du voyage.

Mme Dané, qui n'hésite pas à se servir de son parapluie pour intimider les supporters adverses, a fermé sa boulangerie plus tôt que de coutume. Son mari, véritable bible rugbystique, est capable de vous dire quel temps il faisait le 23 mai 1960 lors de Lourdes-Béziers. Il discute avec « Popol » Pouyaban, dit « Georges ». Surnommé ainsi parce que c'est le sosie de Georges

Brassens.

« T'imagines qu'on va peut-être devenir champions de France ?

– Pas peut-être…

– Oui d'accord mais en face, y a du beau monde !

– On va se les faire les Basques, je te dis !

– Oui d'accord mais en face…

– Tu es pour eux ?

– Mais non !

– Alors, tu te la fermes ! Ne joue pas au pessimiste de service ! »

Marie, abonnée depuis trente ans à Turf Magazine, s'est mise sur son trente et un. Elle porte un magnifique galurin et, à quatre-vingt-huit ans, ressemble à une jeune fille.

Notre mascotte « Lulu » s'est tartiné la chevelure de gel et a abusé sur l'eau de Cologne. Il tape dans ses mains. Il a obtenu l'autorisation de ne rentrer au CAT que lundi soir. Alors il est content. Et puis « on va gagner ! ».

Nous voudrions être plus vieux de quelques heures. Plus nous nous approchons du moment de vérité, plus la tension monte. Et si nous perdions cette rencontre, si le sort décidait de ruiner nos rêves de gloire nationale… Je chasse cette idée de mon esprit. Improbable même si rien n'est acquis. Un grain de sable peut enrayer la machine à gagner.

La route semble interminable. Les mètres sont des kilomètres.

« Quoi ma gueule ! Qu'est-ce qu'elle a ma gueule ?

– Jojo ! Ta gueule ! C'est le cas de le dire…

– Faites-le taire ou je le tue de mes propres mains !

– On est dans une démocratie, alors je l'ai le droit de chanter !

– Oui, mais pas de nous bousiller les tympans. Garde ton

souffle pour tout à l'heure. »

C'est une bande d'amis bariolée, affublée d'écharpes bleu et rouge et brandissant des banderoles, qui descend enfin du bus. Certains ont des trompettes, d'autres des tambourins, le plus grand nombre des sifflets. Paul Manuel appelé « Le chu », parce qu'il est moustachu, actionne la manivelle d'une boîte mystérieuse dont sort un bruit de sirène strident. Captain' Igloo s'étire et hume l'air landais. Blanche-neige a soif et cherche déjà la buvette. M. le maire désigne un endroit ombragé pour aller pique-niquer. On sort nos affaires des soutes à bagages, on marche deux-cents mètres et on s'installe à l'ombre des catalpas. Les saucissons, chips, rillettes, jambons, boudins, fromage et autres victuailles garnissent les tables pliantes en quelques minutes. Les bouteilles de vin surgissent et les gobelets en plastique se remplissent de nectar rouge. Les baguettes de pain passent de main en main et les conversations vont bon train. Quesch ronchonne parce que son verre est vide.

Allongés dans l'herbe, nous regardons les supporters basques qui arrivent, un sourire goguenard sur les lèvres. L'ambiance est bon enfant, on se chambre un peu, mais plus pour le principe. Ils ont mis « les petits plats dans les grands » puisque leur banda locale est de sortie. Je vois passer leur curé qui a gardé sa soutane. Avec son gabarit imposant, il aurait fait un bon deuxième ligne.

« Le terrain imposera sa loi et nous verrons bien qui est le plus fort », marmonne Thierry M'Bar, un gaillard d'un mètre quatre-vingt-dix pour cent-vingt kilos, surnommé « le grand timide » pour sa discrétion. Et puis, « ce n'est qu'un match de rugby ! On n'est pas des hooligans comme au foot ! » me glisse Jo en haussant les épaules.

Les thermos de café viennent mettre un point d'orgue aux agapes. Des mignonnettes d'Armagnac circulent discrètement. De profil, Quesch a vraiment un ventre énorme. « Sur le terrain, rien qu'avec un coup de bide, il dégommerait n'importe quel pilier », se moque David Benesse. « Obut » pour les intimes. Il revient d'un exil de dix ans à Paris comme facteur. Il revit depuis qu'il est rentré au pays. Il passe ses soirées au boulodrome et brille dans les concours de pétanque. Il a réalisé son rêve. Désormais, il distribue le courrier dans son village natal.

Le match doit débuter dans une demi-heure alors nous nous pressons vers l'entrée du stade. Nous présentons nos billets et, les guichets franchis, nous grimpons dans les gradins pour avoir les meilleures places. Une chaleur terrible donne des suées à tout le monde, ou alors est-ce le stress qui nous fait transpirer ?

Tout Saint-Pé est là. Ce ne sont plus des individus mais un village qui est réuni autour de son équipe. Les querelles sont effacées. Les inimitiés mises de côté pour quelques heures. L'appartenance a une communauté prime en ce dimanche de juin. La joie se lit sur les visages, les gens s'interpellent, se donnent l'accolade, se saluent dans un esprit de franche camaraderie.

J'aperçois mes parents qui discutent avec un couple d'amis, Bernard et la belle Esméralda. Ma sœur nous rejoint pour s'asseoir à nos côtés. Le Chu commence à actionner sa sirène. Jojo est concentré et ne chante plus. Georges, recueilli, les mains jointes, balbutie des prières et a comme un air de Bernadette Soubirous. La banda d'Ustaritz entonne La Penà Baïona. Nous unissons nos voix pour répliquer avec Aqueros mountagnos. Le match ne se gagnera pas que sur le terrain. Il a déjà débuté dans les tribunes. Jules Demasles, le président de la chorale « Saint-Pé chante », et Pierre, son fils, donnent la mesure.

La présentation des équipes qui viennent de rentrer sur le terrain interrompt les chants pour laisser place aux cris d'encouragement. L'arbitre a un nom bizarre. Il s'appelle M. Hau.

Les joueurs se scrutent, se dévisagent et, narquois, se défient du regard. La chaleur est de plus en plus étouffante.

Mon cœur bat à cent à l'heure. Le silence qui s'est installé est pesant. Le coup de sifflet survient comme une délivrance et le match est enfin lancé. Lors des premiers regroupements, nous entendons le bruit sourd des corps qui s'entrechoquent. Les plaquages sont violents, les défenses, hautes et impitoyables, annihilent toutes les velléités d'attaque. Le match s'enlise dans un combat de tranchées. Après vingt minutes, pas une seule touche. Aucune équipe ne parvient à s'imposer. Les avants se livrent un combat acharné, grattant chaque ballon. Le moindre mètre se gagne après d'âpres efforts. Béguorre, notre talonneur, court comme un lapin malgré ses cent-dix kilos. Il est au four et au moulin. Il encourage ses coéquipiers. Nous accompagnons de la voix, râlons après l'arbitre qui prend des décisions litigieuses. Nous sommes souvent pénalisés et ne mettons pas la main sur le ballon. Les Basques nous l'ont confisqué. La première mêlée ne voit aucune équipe prendre le dessus sur l'autre. Un match à l'ancienne où chaque joueur défend avec acharnement le moindre centimètre carré. Un défi physique permanent. Les amateurs de beau jeu en sont pour leurs frais. Les Basques ont sorti la boîte à gifles, mais nous ne sommes pas en reste. L'arbitre doit intervenir à plusieurs reprises pour calmer les deux équipes. La moindre étincelle peut se transformer en brasier incandescent. Ustaritz s'installe pendant dix minutes dans nos vingt-deux mètres. Nous résistons à grand-peine. Un essai finalise leur domination. Mais les Basques sont trop confiants et commettent des erreurs d'inattention. Nous reprenons du poil de la bête, mais de nombreux joueurs saint-péens n'y sont pas. Comme s'ils étaient tétanisés par l'événement. Pourtant, à la suite de deux pénalités bienvenues dont une excentrée, Terrade, notre buteur maison réduit l'écart par deux fois. Des fautes au sol nous coûtent six points supplémentaires. Nous perdons le ballon sur une touche mal négociée. Leur trois-quarts centre file à l'essai mais est arrêté par une cuillère à deux mètres de l'en-but. Nous soupirons de soulagement. À la mi-temps, nous sommes menés 13 à 6. Tout est possible. L'espoir est toujours intact. Il reste quarante minutes. Rien n'est encore joué, mais nous comprenons que cela ne sera pas simple.

« Ce serait injuste de perdre en finale ! » me hurle dans les oreilles Jojo.

Une bonne bière fraîche est le prétexte rêvé pour analyser la première mi-temps.

« Magendie, il est fainéant aujourd'hui. Il se traîne !

– Mais non, c'est son genou qui l'handicape !

– Peut-être. N'empêche qu'aujourd'hui, il est à côté de ses crampons.

– Oui c'est vrai, et puis le soleil était du mauvais côté. Ça ira mieux à la deuxième mi-temps.

– Clerc et Labit, je les trouve timides…

– Par contre Touyarot, il est vaillant !

– On a le temps d'en boire une autre.

– Paie ta tournée ! Te fais pas de bile, on la boira !

– Les mecs, dépêchez-vous ! Ils sont revenus sur le terrain ! »

La deuxième mi-temps voit les Saint-Péens s'installer dans le camp d'Ustaritz. La pause nous a fait du bien. Dans les vestiaires, l'entraîneur a remis les pendules à l'heure et remotivé les troupes. Un nouveau match débute. Nous leur mettons une pression terrible, nos joueurs se réveillent enfin. Un essai de Clerc redonne l'espoir à tout un village qui se lève comme un seul homme. Terrade transforme et nous revenons à 13 partout. Les Basques nous punissent dans le quart d'heure suivant par un essai transformé. 20 à 13. Jo regarde sa montre : « Plus que vingt minutes ». Certains sont tout blancs, d'autres écarlates. Les supporters basques crient victoire un peu trop tôt car des vagues saint-péennes, furieuses et magnifiques d'intensité, viennent défier leur pack. Une brèche s'ouvre enfin et Magendie s'engouffre dans un trou de souris, raffute et passe le ballon à Carrazé qui aplatit en coin. La transformation est difficile. Terrade manque l'occasion d'égaliser. 20 à 18. Il ne reste plus que dix minutes. Tout le monde se ronge les ongles et s'est arrêté de respirer. Les Saint-Péens enfoncent la défense basque qui plie mais ne rompt pas. Pilonner finit par payer. Une pénalité nous permet de prendre l'avantage. 21 à 20. Pour un point, nous sommes champions de France. Captain' Igloo a la larme à l'œil. Les gens commencent à se taper dans les mains. Perdre est impossible. Nous hurlons dans les gradins pour évacuer notre angoisse. Je ferme les yeux, n'osant pas regarder ce qui se passe sur le terrain. J'écoute les cris, les encouragements, les protestations. Le pack d'Ustaritz lance une cocotte et avance de trente mètres. Ils sont stoppés difficilement. Plus que deux minutes. À cent-vingt secondes du bonheur… Jusqu'à cette faute bête à quinze mètres, en face des poteaux. Une relance hasardeuse du demi d'ouverture qui ne trouve aucun partenaire, un plaquage haut sur le porteur du ballon et un hors-jeu pour couronner le tout. Les organismes sont fatigués et la moindre erreur se paie cash. Il faudrait un miracle pour que la pénalité ne passe pas. Et il ne se produit pas. 23 - 20 ou 23 - 21 ? « Putain c'est pas possible ! » hurle Jojo. Il reste trente secondes. Les Basques jouent la montre, leurs supporters s'embrassent. Leur arrière récupère le ballon suite à un en-avant et dégage en touche. C'est terminé. Dans nos gradins, règne un silence de plomb. Nous regardons sans un mot les vainqueurs tomber dans les bras les uns des autres. Une finale se gagne. Terminer second n'a aucun sens. Le sol vient de s'ouvrir sous nos pieds. Tout s'est joué sur un détail. Nous sommes hagards et muets. « À quatre-vingt-dix secondes près,… nous étions champions de France… » pleurniche Georges. « C'était l'année ou jamais ».

Saint-Pé-de-Bigorre ne sera jamais champion de France. Notre tristesse est accentuée par la joie de l'équipe adverse. À eux la victoire, à nous l'amertume. On ne se souvient jamais du finaliste. Aucune défaite n'est belle même si nous n'avons pas démérité. Ce bouclier que les Basques brandissent lors de leur tour d'honneur, nous l'avons effleuré du regard. Nous sommes inconsolables. Je tourne la tête. Je ne souhaite pas assister à ce spectacle. Je n'ai pas envie d'être fair-play. Pas tout de suite.

Waterloo : 18 juin 1816.

Aire-sur-l'Adour : 9 juin 1996.

J'interdis à quiconque de relativiser. Car c'était bien plus qu'un match de rugby. Et nous l'avons perdu. Seuls resteront les regrets. Quant à la nostalgie, un jour peut-être, elle nous en consolera.

---

*Natif des Hautes-Pyrénées, Patrick Fort vit dans les Landes. Il ne conçoit pas sa vie sans lire ni écrire. Ces deux passions se nourrissent l'une de l'autre.*

*Il a publié plusieurs recueils de nouvelles et quatre romans* Après Nous - Celestino Alfonso - Groupe Manouchian *(Arcane 17 - 2016),* Le Voyage à Wannsee *(Gallimard - 2018) et* Le Foulard Rouge – *(Gallimard - 2020) ainsi que* La forêt m'attend *(Éditions Passiflore - 2023).*

# L'OIGNON DE SWANSEA

Pierre Domengès

Simon n'avait pas de liens directs avec le jeu de rugby, du moins c'est ce qu'il croyait. Comme tout natif d'une petite ville d'Occitanie, il avait exécuté quelques passes à l'école, mais il n'avait soulevé aucun bouclier. Les rares mandales qu'il avait prises ou distribuées, c'était dans les baloches des villages environnants qu'il les avait croisées, bien plus souvent que sur des terrains du Sud-Ouest. Pour autant, demander à quelqu'un du coin si le ballon ovale avait fait partie de sa vie revenait à questionner un habitant du Havre n'ayant jamais foutu les pieds sur un bateau sur ce que la mer représentait pour lui. J'imagine qu'il répondrait qu'il n'avait jamais pensé à la chose, la mer était partout depuis toujours autour de lui sans pour autant ne l'avoir jamais pratiquée. Simon avait vécu, bu, mangé, chanté en ovalie tout en étant toujours resté à quai. C'était comme si un enfant de paysan naissait avec les mains calleuses sans n'avoir encore jamais touché le moindre outil agricole, c'était de l'ordre de la génétique. Il s'était étonné un matin, lorsqu'à un étal de primeurs il soupesait un melon d'eau dans une gestuelle qui simulait une passe vissée en direction d'un partenaire imaginaire. Personne dans l'assistance des badauds n'avait été choqué, lorsqu'on manipulait une forme ovale, les réflexes de ce jeu reprenaient leur place. Le frère aîné de Simon était licencié au club local. À cette époque, c'étaient les mères qui lavaient les maillots et les shorts du dimanche. S'il y avait peu de boue sur son équipement, le frangin s'exposait à quelques réflexions du genre : « Eh bien, il est bien propre ton maillot, tu ne t'y es pas trop filé ! ». D'autres souvenirs liés à la culture de la « gonfle », Simon en possédait. Les retours du match du dimanche lorsqu'il était enfant et que son père l'amenait au stade, il jouait dans le bac du triple saut de la piste d'athlétisme pendant que trente jeunes garçons de ferme et d'usine s'envoyaient des tampons. À la fin de la partie, il peinait à marcher tant ses chaussures étaient remplies de sable. La crainte d'une réprimande maternelle était vite dissipée, car à la mi-temps, il avait droit au diabolo grenadine pendant que le père sirotait un blanc. Chaque dimanche avait le goût des chaussures crottées et d'un sourire souligné par les traces chimiques du sirop. Cette boisson achetée à bas prix, mais dont le goût unique restera celui de l'enfance.

Simon et son père ne prenaient que des places en populaire, les billets des tribunes étaient bien trop chers. Dans les travées VIP du dessus de la main courante, on voyait s'installer les hommes avec, au bord des lèvres, le cigare dominical. On les appelait les « grands manteaux », élus locaux, pontes de la Fédération ou tout simplement notables de la ville.

Tout ce monde recrachait leurs odeurs de fumée, de parfum du dimanche qui se mêlait aux effluves des pommades des joueurs qui émanaient du tunnel des vestiaires. Un jour, le père de Simon avait montré la tribune d'honneur en disant : « Tu vois petit, c'est ça la droite ! »

Pour ne pas quitter l'enfance trop vite, Simon avait choisi une autre route, celle d'une carrière artistique, rock'n'roll et bamboche, plus propice aux déhanchements scéniques qu'aux cadrages débordements. La famille avait déjà offert un garçon à ce jeu, c'était plus que suffisant.

Bien avant que le rugby ne devienne industriel, l'usine et les champs fournissaient le gros des joueurs, c'était le temps de la sociale et les histoires qui accompagnaient ce sport encore amateur racontaient les luttes de l'époque. Dans le Midi rouge, lors des insurrections viticoles, l'entraîneur de Narbonne avant un déplacement à Montferrand dont l'équipe était bâtie par le patron de l'usine Michelin qui prenait soin de ne pas sélectionner de syndicalistes, aurait motivé ses joueurs en déclarant : « Une défaite de Montferrand est une victoire de la classe ouvrière ! ». Restait aussi dans les mémoires, la triste aventure de cet anarchiste républicain espagnol, réfugié à Carmaux et devenu résistant lors de l'occupation allemande. Il avait, après la guerre, rejoint la mine locale et avait mené les grèves de 48. Recherché par la police française qui, avec l'opération « Boléro paprika », déportait les militants communistes et anarchistes espagnols, il avait dû se cacher de longues semaines dans les villages du Carmausin. Victor n'avait pas résisté à l'appel du jeu et s'était fait arrêter lors d'un derby qu'il n'aurait raté pour rien au monde.

Dans le Sud-Ouest, la « bouigue » était partout comme l'océan autour de Saint-Pierre-et-Miquelon.

Simon avait vu un reportage sur le pays de Galles, le rock, le rugby, le charbon, il avait été fasciné par ces liens qu'il pensait atypiques et qui pourtant forçaient le respect envers ce peuple.

Un soir de bordée dans un troquet local, il créa la surprise lorsqu'il proposa d'aller voir un match du tournoi à Cardiff. Pourtant, ce fut naturellement que tous validèrent l'aventure. Le terme n'était pas trop fort car il s'agissait de profiter de l'événement pour découvrir un pays, Galles, terre de rugby certes, mais patrie ouvrière et marine, bordée de ports, de pubs et de chants. Lors d'une tournée dans le Nord, Simon et son groupe avaient rencontré un étudiant gallois qui leur avait parlé de son pays en s'exclamant : « Chez moi, les monuments ce sont les hommes. À Cardiff, il y a peu de monuments, la statue de Gareth Edwards, mythique joueur des années 70, le château, le stade et les hommes ! » Tony avait laissé son adresse à *Cathedral Road*, dans un quartier populaire de la banlieue de la capitale galloise. En général, les projets énoncés lors des soirées arrosées ne survivaient pas à la gueule de bois du lendemain, mais l'idée était restée bien ancrée dans la mémoire des quatre amis et dès le lendemain, à la manière d'un commando missionné pour l'attaque d'un pont, d'un campement ou d'un poste avancé, tous se réunirent afin d'organiser l'épopée. Chacun avait glané les renseignements utiles. Tout d'abord, les places pour le match. Si l'on n'était pas dans les petits papiers de la Fédé et des grands manteaux, il n'y aurait aucune chance de trouver un billet, par contre, le marché noir était très développé et les possibilités de trouver le précieux sésame sur place étaient assez réelles. Il fallait également penser à l'hébergement, il suffirait de contacter Tony. Enfin le voyage, en route jusqu'à Cherbourg, traversée pour Portsmouth, le reste en voiture vers Cardiff. Il faudrait passer une nuit dans la caisse et prévoir les munitions, vin, charcuterie et musique, de quoi remplir le ventre et l'autoradio. En tout cas, c'était bien moins cher que l'avion et ça laisserait le loisir de se balader sur place. Chacun prenait sa part d'organisation, le plus urgent était d'écrire à Tony, le match était dans un mois. Théo, que l'on surnommait « cacato » du diminutif de cacatoès car il avait tendance à rabâcher, travaillait dans l'entreprise de son père et avait accès au téléphone et au fax. Il se chargerait de réserver les billets du ferry. Bruno aidait sa grand-mère à vendre ses poulets sur les marchés, il fut nommé au casse-croûte. Jean-Jacques fournirait le véhicule, c'était la voiture la plus fiable du groupe, peut-être même plus fiable que le chauffeur.

Le voyage se déroula comme une opération militaire. Il fallait respecter les horaires afin de ne pas rater le bateau, ne pas traîner lors des multiples étapes repas. Le seul moment critique fut lorsque les *Bobbies* et leurs chiens antidrogues fouinèrent dans le coffre. Les toutous s'excitèrent lorsqu'ils reniflèrent les saucissons, boudins, miches et saucisses que les garçons voulaient offrir à Tony et aux personnes qui avaient accepté de les héberger.

Bruno s'était adressé aux flics : « *It's not drug, it's Jeremie !* » évoquant ainsi le nom du demi-cochon cuisiné avant le départ.

Après dix-huit heures de route et presque autant de traversée, ils arrivèrent à *Cathedral Road* chez un Tony ravi de retrouver ses copains français. C'était veille du match et leur hôte avait trouvé des chambres pour tout le monde dans son quartier. L'accueil se fit également par la découverte d'une barrique de bière locale, la Brains. Tony disait que le nom venait du fait qu'elle avait la faculté de faciliter l'oxygénation du cerveau. Après une semaine passée en terre galloise, personne n'avait rien remarqué de tel, bien au contraire. Le premier conseil de Tony fut de proposer d'aller faire le pied de grue à la gare, car de tout le pays, des fermes et des usines, débarquerait le peuple gallois, affamé de bières et de coq français. C'est là que s'organisait le marché noir.

Il y avait une tradition nationale qui forçait l'attrait des curieux. Un véritable public de plusieurs centaines de personnes se massait à l'arrivée des trains pour trouver un billet bien sûr, mais surtout pour assister à la descente des supporters ruraux qui, sur le quai, exhibaient leurs plus extravagantes réussites agricoles : poireaux et choux géants, poules de dix kilos, pommes de terre gigantesques… Un véritable marché des horreurs à même les quais.

Simon se démenait en arrêtant chaque personne par un très efficace « *Do you have tickets for the match ?* » et finit par trouver un homme visiblement aviné durant le voyage et portant un maillot de l'équipe nationale. L'homme n'avait pas de place, mais il comptait en trouver près de la gare, aux abords du stade.

Terry était un ancien mineur de Swansea reconverti dans

l'agriculture grâce aux bons offices dévastateurs de Mme Thatcher. Il exhibait un oignon de la taille d'un œuf d'autruche... La bande sympathisa assez rapidement avec lui, et après quelques pintes au premier pub, tous étaient devenus des intimes. L'ex-mineur connaissait la ville et proposa de rejoindre le centre autour de l'*Arms Park* où il serait plus aisé de trouver des billets.

Les veilles de tournoi, le quartier devenait le centre du rugby européen. Les rues étaient aux couleurs de l'équipe nationale, inondées de drapeaux rouge et vert. Une bonne partie de la population portait le maillot des fameux dragons gallois et, sur les grandes avenues, les vendeurs à la sauvette, les bras chargés d'écharpes, de tee-shirts, de bannières en l'honneur du XV du Poireau, hélaient les passants afin de leur faire profiter de leurs meilleurs tarifs. Les pubs étaient bondés et il fallait jouer des coudes pour se faufiler vers le comptoir. Ici, la science de la mêlée s'apprenait dès l'heure de l'apéro. Terry, le gallois qui cornaquait tout ce petit monde avait une technique infaillible, il s'approchait au plus près du zinc, sortait son dentier et le posait sur le comptoir. Cela avait pour effet de créer un espace dans lequel on pouvait s'engouffrer pour accéder à la piste d'atterrissage de dizaines de pintes. Il suffisait ensuite de rester bien calé dans ce minuscule espace protégé sur lequel trônaient un râtelier et un oignon de près d'un kilo. Terry aimait la France et les Français, car ils avaient pour point commun la détestation du colon anglais. Il parla de la mine nichée dans une vallée près de Swansea et qui avait vécu une terrible catastrophe, un éboulement meurtrier. Il finissait ses phrases et ses verres par un toast adressé à « cette salope de Maggie », ce qui n'était pas pour déplaire aux autres. Quelques pintes plus tard, tout ce petit monde quitta difficilement le pub à travers l'immense marée des supporters, une mer qui semblait tanguer au même rythme que leurs ventres gorgés de bière.

« On va trouver les places, je connais les endroits de marché noir, j'ai vécu ici avec ma grand-mère, une *Knopper-upper* », répéta Terry avec fierté. Les *Knopper-upper* étaient des femmes d'ouvriers qui, pour quelques shillings, déambulaient à l'aube dans les quartiers du port et réveillaient les dockers à l'aide d'une sarbacane qui lançait des pois secs sur les fenêtres des travailleurs. L'histoire de ces femmes dont le nom se traduisait en français par « les cogneuses », plaisait beaucoup à Simon et ses camarades.

« Faut aller au *Red Swan*, un pub tenu par un gars de chez moi, fils de mineur, gueule cassée par les plaquages. Mais rien à voir avec ce qu'ils ont vécu au fond du cul du charbon ! Là-bas, c'était pire. Le plus douloureux, ce n'était ni les arcades ouvertes lors des derbys ni les coups de grisou, c'est lorsqu'on s'est trouvé sous les crampons de la mère Thatcher !

– C'est loin le *Red Swan* ? » s'inquiéta Simon en regardant Bruno siroter en silence pintes sur pintes, ayant déjà quitté l'objectif de quête du graal – il était le premier englouti dans cette tourmente d'avant-match, cette liesse essentielle, au sujet de laquelle les supporters disaient qu'il valait mieux ne pas attendre la fin du match, c'était plus sûr.

« À deux rues d'ici ! » La voix de Terry se frayait un chemin dans la nasse des chants et des cris. Ce qui attendait la bande allait être plus bruyant, plus intense encore car *le Red Swan*, bien qu'un peu à l'écart des grands pubs du centre, était un endroit simple, chaleureux et terriblement exubérant. Le pub était visiblement le rendez-vous des prolos du coin avec, sur le ciel de comptoir, les armoiries des villes de mineurs et de leurs *brass band*, ces fanfares ouvrières destinées à maintenir en musique la solidarité entre familles de gueules noires. Celle de Swansea jouait dans la petite rue qui jouxtait le bar, entourée de plusieurs dizaines de « pays ». La foule se faisait de plus en plus dense et Terry assurait les allers et retours entre le comptoir et la rue en poussant un Caddie de supermarché trouvé dans la venelle et chargé de bières. La technique permettait d'être approvisionné en temps quasiment réel. La bande avait déjà perdu Bruno tandis que Jean-Jacques s'essayait maladroitement à l'anglais avec deux jeunes femmes. Il semblait ravi de se faire comprendre et ne prêtait pas attention à Théo qui ne cessait de lui répéter que ses interlocutrices étaient françaises.

Le match allait commencer dans deux heures, Simon s'inquiétait de ne pas avoir encore de places et agrippa Terry qui continuait à dépenser sa paie en livraison de pintes.

« Le match démarre dans deux heures et le bar se remplit de plus en plus ! » cria-t-il.

Tout sourire, Terry lui répondit : « Comme nous, ils n'ont pas de billets, ils vont le regarder à la télé, ce n'est pas important pour eux. Le match c'est maintenant, le terrain c'est ici, tu comprends, ils se retrouvent, ils chantent ensemble, c'est aussi ça le rugby ! »

Par cette réponse, Simon comprit qu'il n'y avait plus aucune chance de rentrer dans le stade. La bande semblait s'en accommoder, à moins que Bruno, toujours introuvable, ait pu trouver une place et se la jouer en solo.

C'est à ce moment-là que Simon entendit les cris de la foule hurler des slogans anti *tories*, le surnom des membres du parti conservateur. La rue se mit à scander des insultes fleuries du genre : « Maggie la salope, on ne t'oubliera pas ! » Il comprit la raison de ce soulèvement qui malgré tout, restait festif. Une dizaine de policiers venaient évacuer la rue afin de dégager les accès au stade pour les ambulances et véhicules de sécurité. La bronca dura bien cinq bonnes minutes, la foule finit par se scinder en de nombreux groupes et Simon se perdit dans les dédales des rues autour du pub. L'effet de la boisson locale ne lui permit pas de retrouver ni Terry ni les autres, et il passa le reste de sa journée et une partie de la nuit à rechercher ses compagnons. Il finit par s'assoupir sous un porche. Lorsqu'il se réveilla au petit matin, les rues portaient les stigmates d'une fin de bataille dont il ne connaissait pas le vainqueur. Simon retrouva par hasard le *Red Swan* encore fermé à cette heure. Il était une fois de plus resté à quai de ce jeu. Il se pencha contre la façade du pub et ramassa un oignon d'un kilo. En regardant l'objet, il vit des mêlées fumantes, des cadrages débordements, il entendit les chants de tout un peuple, simplement réuni par un ballon ovale. Il sourit car il lui semblait que pour la première fois, il tenait un bout de rugby entre ses mains.

Le 20 janvier 1990, en ouverture du Tournoi des Cinq Nations, la France bat le Pays de Galles 29 à 19. À la 33e minute, le seconde ligne originaire de Pontypool, Kevin Moseley, est expulsé, coupable de s'être « essuyé les pieds » sur Marc Andrieu. Le lendemain, les journaux gallois publieront à la une l'image du joueur sortant du terrain tête basse et titreront « Shame », honte.

*Pierre Domengès vient au monde à Tarbes au bord de la voie ferrée... Directeur artistique de la Gespe, Scène de Musiques Actuelles de Tarbes il rejoint le groupe Les Colporteurs, premier clip « j'écris ton nom UMP » vu plus de 100 000 fois sur le net. En 2012 il publie* Poison Heart *(éditions Arcane 17) puis participe à un livre collectif de 24 nouvelles noires sur les Cramps. En 20014 sort* Territoire ennemi *(éditions Arcane 17), 13 nouvelles Rock en rouge et noir puis en 2020 il publie* Le lézard et la mosaïque *(Arcane 17) qui enracine un peu plus son univers dans la musique rock. Il vit toujours le long de la voie ferrée.*

# WILLIAM, REVIENS, ILS SONT DEVENUS FOUS !

Laurent Blondiau

Le directeur de cabinet toqua énergiquement trois coups rapides à la porte du ministre et entendit, en retour, le grognement habituel, signal qu'on pouvait le déranger.

« Pardon, monsieur le ministre, mais votre père est en bas, à l'accueil, et demande à vous voir. Je le fais monter, bien entendu ? », dit d'un trait le dircab en passant juste sa tête dans l'entrebâillement de la porte.

Relevant soudainement la tête, le ministre en laissa tomber ses lunettes de stupéfaction sur le parapheur. Son père ? En bas ? « Cinq minutes, cinq minutes », répéta Jean à haute voix, congédiant son collaborateur d'un revers de la main. Instinctivement, il saisit son téléphone pour appeler sa mère. Mais son regard se figea sur la vieille carte de France Vidal-Lablache, encadrée au mur, qui le suivait partout depuis le début de sa carrière dans les palais de la République.

En plusieurs flashs, il vit le périple de son paternel depuis la petite vallée des Pyrénées. Le réveil à l'aube, sa mère préparant dans la cuisine les sandwiches et le thermos de café, le vieux manteau en cuir marron et la casquette de l'ancien facteur immuablement pendus dans le vestibule, le bus jusqu'à la gare, l'attente du train régional sur le quai enneigé, l'arrivée à Toulouse, puis le TGV… Sept bonnes heures, au minimum, pour traverser la moitié de la France car rien n'avait changé depuis que le ministre avait lui-même effectué ce chemin, vingt ans plus tôt, quand le destin lui offrit un aller simple pour la capitale.

Jean était l'enfant du pays qui avait réussi. Réussir, c'était le maître-mot, à l'époque, répété sur tous les tons, chuchoté comme une prière, matin, midi et soir. Je vous salue Réussite, pleine de grâce, la Réussite est avec vous… C'était comme si tout le village avait poussé derrière lui, comme derrière une mêlée. Ils ne furent pas déçus : premiers prix à l'école élémentaire, le bac avec mention très bien dans le lycée de la grande ville, puis Sciences Po Paris, l'ENA et, enfin, l'entrée dans un ministère. Toute la vallée en était fière car, l'existence se limitant à quelques kilomètres carrés, réussir c'était d'abord partir. Du haut de son physique de troisième ligne, Jean personnalisait ce mérite républicain, cette vieille sornette à laquelle on croyait dans ces coins du pays où la République semblait encore vouloir dire confusément quelque chose.

Cette fierté toute provinciale se mesurait par la taille et le poids des colis qui arrivaient tous les quinze jours dans son minuscule appartement du XIX$^{e}$ arrondissement, avec les confitures maison, la charcuterie du coin, les fromages de la ferme, accompagnés de quelques recettes et recommandations maternelles. C'est que là-haut, « Petit Jean », comme on l'avait toujours surnommé, côtoyait les grands, c'était sûr et il n'allait pas les oublier. Il n'était pourtant, au début, qu'un obscur chargé de mission, mais la carte de visite bleu blanc rouge trônait, bien en vue, dans la salle à manger familiale : on la montrait aux voisins, on la prenait le soir devant les informations, car sait-on jamais, on verrait peut-être Jean à la sortie du Conseil des ministres. Et puis, de fil en aiguille, Petit Jean gravit les échelons pour se retrouver un jour autour de la grande table, le mercredi matin, à l'Élysée. Les colis se firent plus rares, tout comme les compliments. Ce n'était plus « notre » Jean, c'était un « monsieur » dont on parlait dans le village en baissant la tête, un de ces « messieurs » qui utilisent des mots qu'on ne comprend pas, qu'on ne comprend plus et, comble de tout, il semblait avoir perdu son accent au fur et à mesure qu'il grimpait dans les hautes sphères. La distance n'était plus seulement géographique : elle était désormais politique, culturelle. Cruelle.

L'huissier en redingote tapa à la porte : « Monsieur le ministre, votre rendez-vous. »

Son père, intimidé par la taille et le luxe du bureau, hésita à entrer : « Ben entre, Papa », fit Jean, avec un geste de la main, comme s'il voulait rassurer un chien craintif.

Le Vieux ôta d'abord sa casquette, comme pour marquer sa déférence à la République, fit quelques pas maladroits pour se planter au milieu de l'immense pièce. Le ministre quitta son bureau pour rejoindre la partie salon, en l'invitant à s'asseoir dans le canapé Louis XV.

« Tu veux boire quelque chose ? »

Toujours muet, le Vieux fit non de la tête. L'huissier disparut aussitôt.

Durant le voyage, il avait ressassé tous les mots qu'il allait prononcer, mais soudain rien ne venait. Il regardait fixement son fils qu'il n'avait pas vu depuis trois ans. La dernière fois que Jean était rentré au pays, ils avaient eu des « mots », comme disait pudiquement sa mère à la voisine. Durant un repas de famille, la nouvelle réforme des retraites du gouvernement s'était invitée brusquement au dessert et son père, ancien syndicaliste, avait dit vertement ce qu'il en pensait. Sous les yeux écarquillés des convives, son rejeton de ministre lui avait rétorqué qu'il ne comprenait rien à rien, tout en jonglant avec les milliards, et ces mots en « ité », compétitivité, adaptabilité, profitabilité, formant la sainte trinité de cette nouvelle idéologie de ceux qui martèlent inlassablement qu'il n'y en a plus. Le silence était pesant, même les mouches évitaient de voler au-dessus du saint-honoré qui trônait au milieu de la table. N'en pouvant plus, le Vieux s'était levé d'un coup et avait hurlé : « Tu me fais honte. Souviens-toi d'où tu viens ! »

Le seul homme cravaté de l'assistance s'était aussitôt levé, avait fait le tour de la table pour embrasser sa mère sur le front, puis était sorti sans un regard pour son père, attendant de longues minutes devant le petit pavillon que son chauffeur arrive. Sans que personne à l'intérieur n'ose broncher ni regarder par la fenêtre. Ni lui, se retourner.

« Tu vas pas faire ça ? se lança finalement le père.

– Faire quoi, papa ?

– Interdire le rugby.

– C'est pour cela que tu es venu jusqu'ici ?

– Je suis venu te dire qu'il ne faut pas oublier d'où tu viens !

– Cela fait deux fois que tu me dis ça en trois ans et c'est toujours aussi blessant. Est-ce que tu peux comprendre que devant toi, tu n'as pas seulement ton fils, mais un ministre de la République ? »

Le père mit la main dans sa poche et en sortit d'une main tremblante une photo qu'il posa sur la table en verre. Jean la reconnut immédiatement. Elle datait d'au moins trente-cinq ans et avait fait, à l'époque, la une du quotidien local. Son père plus jeune, avec déjà ce nez ratatiné du talonneur forcé d'embrasser la pelouse chaque dimanche, et lui, enfant vêtu de rouge et de noir, sur ses épaules, au milieu d'une foule en liesse, sourire de premier communiant, fêtant un titre de champion de France de leur club favori.

« Pourquoi vous ne nous laissez pas tranquilles, hein ? insista le Vieux. Vous nous avez tout pris. L'usine, la poste, la gare, les jeunes et maintenant le rugby !

– Tu me vouvoies maintenant ?

– Je te dis que c'est la dernière chose qui nous reste. Tu sais ce que c'est le rugby pour nos villages ? Le rugby, c'est comme la rivière et la montagne, ça a toujours été là. C'est une des preuves qu'on existe encore, et vous, vous voulez l'interdire, parce que c'est trop violent ? Mais les violents, c'est vous ! »

Le ministre secoua la tête en guise de désapprobation et, d'une voix monocorde, débita les éléments de langage appris par cœur :

« Ce sport est condamné car il n'est plus adapté à son temps, voilà tout. Les contacts toujours plus rugueux, les commotions, les bagarres… Tu veux que je te parle des statistiques, des sondages ? Comme d'autres choses, les gens d'aujourd'hui n'en veulent plus : c'est aussi simple que ça.

– Alors, vous allez interdire la guerre aussi, j'espère ! rugit le père.

– On ne peut pas discuter avec toi, tu es buté, arc-bouté sur tes certitudes, cingla le ministre.

– C'est le genre de trucs que vous répondez à chaque fois que vous faites une réforme. Les gens comme moi, on comprendrait rien, on serait ignares. J'ai pas fait toutes tes études, mais tu veux que je te dise ce qu'est le rugby ? C'est pas un sport, c'est la vie même. Ce n'est pas tes chiffres, ça non, c'est de l'humain, c'est une grande mêlée où on se tient l'un à l'autre. C'est une passe pour son copain, mais pas n'importe quelle passe, une passe vers l'arrière comme une offrande. C'est le rebond capricieux de l'ovale qui te désarçonne que tu sois puissant ou misérable, c'est le jeu et pas le « je ».

– Je sais ce qu'est le rugby, Papa, je te rappelle que j'y ai joué, coupa Jean.

– Non, tu ne sais plus ce que c'est. Vous plaquez toutes vos valeurs individualistes sur la société et tout ce qui ne rentre pas dans ce cadre, vous le coupez. Tchak, d'un coup de menton, d'une loi, d'un décret. La clope, le vin, la chasse, la bagnole, le rugby… Ce n'est plus une société que vous nous faites, c'est un hôpital, bien propre, bien lisse, avec des zombies sans cervelle qui errent dans des couloirs remplis d'écrans. »

Jean était éberlué par la tirade de son paternel. Il pensa un instant à la dernière visite de son coach communicant qui lui avait dit : « Quand les gens ne sont pas d'accord avec vous et que vous vous sentez en difficulté, glissez le mot "populisme", ça fait toujours son petit effet ». Mais vu le pedigree social et politique de son père, et surtout son caractère, il se retint. Le Vieux, d'ailleurs, s'apaisa d'un coup, en disant d'une voix plus douce :

« Dimanche, c'est le derby, pourquoi tu ne viendrais pas ?

– Mais Papa, j'ai d'autres choses à faire, plus importantes.

– Et quoi ? Viens voir sur place, fais-toi une idée, prends le temps de discuter avec nous. Dès qu'il s'agit de ça, vous autres, vous n'êtes plus là. En fait, les gens importants, j'ai l'impression que vous ne vivez pas à la même vitesse que les autres. »

L'évocation du fameux derby fit néanmoins mouche. Jean se revit, haut comme trois pommes, dans le bar-tabac enfumé de Michel, sur la place du village. Les joueurs se serraient dans la petite salle pour le déjeuner d'avant-match, tandis que les suiveurs faisaient l'apéro en refaisant les matchs, parce que l'Histoire de toute façon se faisait et se refaisait ailleurs. Le boucher préparait sa meilleure saucisse, le maire passait une tête, encourageant les uns et les autres d'une grande tape dans le dos, et les dames préparaient les provisions pour le match. Puis, chargé à bloc au propre comme au figuré, tout ce beau monde gagnait les voitures pour une lente procession jusqu'au bourg voisin distant de quelques kilomètres à peine.

Le plus mémorable fut sans aucun doute l'année où le comité avait fait venir un jeune arbitre de la ville. Après vingt minutes de jeu, le capitaine talonneur des Jaune et Noir, Raymond, dit « La Poutre », fit arrêter le match. Il prit par la manche le capitaine d'en face, Roger, dit « Elvis » parce qu'un jour de fête du village un peu trop arrosé, sa mère avait prétendu qu'il ressemblait à Presley. Les deux travaillaient comme hommes à tout faire à la communauté de communes et s'entendaient, hors derby deux fois par an, comme larrons en foire.

Au bout de quelques minutes de conciliabule, ils s'approchèrent du jeune arbitre :

« Écoute fils, commença Roger, tu nous fatigues à siffler tout le temps. Tu sais, nous, on n'est pas des pros, on veut juste s'amuser le dimanche, s'envoyer quoi, tu vois ce que je veux dire. Alors, voilà ce qu'on va faire. Tu vas nous donner ton sifflet et tu montes dans la tribune. Mange un bout de saucisse, prend un Jaune à la buvette sur notre compte et on se revoit à la fin du match.

– Mais, enfin, mais... Je vais être obligé de faire un rapport, balbutia le jeune arbitre.

– C'est ça, fais ton rapport, si tu veux, mais laisse-nous maintenant », fit Elvis en l'empoignant par le bras.

Les deux colosses l'escortèrent jusqu'au bord de la touche. Avec son accent rocailleux, La Poutre demanda un peu de silence à l'assistance : « Bon, on vous confie l'arbitre, il va venir en tribune avec vous, soyez sympa avec lui ». L'annonce fut saluée comme il se doit par les dizaines de spectateurs, hilares. Le match reprit après que le jeune, bien calé entre deux mamies, fut servi d'un verre de blanc et d'un morceau de saucisse. La légende locale dit qu'il aurait par la suite eu le rouge aux joues après quelques allers-retours à la buvette et qu'à la fin du match, il aurait fait la chenille avec les autres. Ce qui est sûr, c'est que son sifflet trône toujours, encadré, dans le bar-tabac de Michel.

Ce souvenir fit sourire le ministre. Son père décela une première faille.

« Essai.

– Non, je te dis que je ne peux pas.

– Mais non, je veux dire : essai. Dans les autres sports, on dit “but”, “panier” ou “point”. Au rugby, on dit “essai”. Pourquoi ? »

Le ministre leva les yeux au ciel.

« Parce qu'il faut ensuite le transformer entre les barres, soupira-t-il.

– Non, parce qu'au rugby, on tente. Parce qu'au rugby, il n'y a rien de définitif. Parce qu'il n'y a pas de fin. Parce que c'est toujours possible. Tu vois, ça devrait être cela, la politique : faire en sorte que les choses soient toujours possibles. »

Jean ne put réprimer un sifflotement d'admiration : « Te voilà rugbyman et philosophe maintenant ! »

Le Vieux regarda sa vieille montre LIP. Son train repartait de Montparnasse à 15 h 32. Il se leva, planta son regard bleu dans celui de son fils.

« Tu sais, parfois, il faut savoir faire des cadrages débordements à la vie que l'on nous trace. Tu n'étais pas prédestiné à être ici. Tout comme rien ne prédestinait cet adolescent anglais du collège de Rugby, un beau jour de 1823, à prendre le ballon à la main alors que le règlement l'interdisait. Cela a donné ce jeu magnifique, si humain parce que si imparfait. Voilà ce que je suis venu te dire. »

Le Vieux s'approcha et étreignit son fils comme il ne l'avait sans doute jamais fait auparavant, lui déposa un baiser sur le front ; ce même baiser qui avait bercé l'enfance de Jean, chaque soir au moment du coucher, dans cette chambre remplie de posters de ses joueurs favoris, de coupes et de médailles en toc glanées sur tous les terrains bosselés du département.

Le Vieux le regarda une dernière fois, remit sa casquette et prononça son fameux « Adishatz », connu dans toute la vallée, avant de s'éclipser.

Groggy comme s'il s'était pris un tampon d'anthologie, le ministre resta assis de longues minutes, puis marcha difficilement jusqu'à son bureau. Il fixa la carte de France comme s'il cherchait à nouveau ses repères avant d'attraper son portable. Il expira lentement comme le buteur avant la pénalité de la gagne, puis sélectionna la fiche du Premier ministre.

Celui-ci décrocha à la troisième sonnerie et Jean s'entendit dire : « Salut, tu connais William Webb Ellis ? »

---

*Lillois mais toulousain puis montpellierain d'adoption, Laurent Blondiau est journaliste et communicant politique. S'il aime le foot et Liverpool, à ses heures perdues, il se passionne aussi pour le ballon ovale. La preuve...*

# MON PÈRE CE RUGBYMAN

Tomas Jimenez

J'ai toujours connu José, mon père, fan de rugby. J'ai des tas de souvenirs de lui, matant des matchs à la télé et râlant bruyamment après l'arbitrage quand il regardait un France/Angleterre. De ces dimanches où nous allions le voir jouer. Des troisièmes mi-temps où il était le seul à ne pas boire une goutte d'alcool. Des repas du club où il sortait sa guitare et où nous chantions. J'ai encore en tête le générique de *Rugby magazine,* tiré d'un tube de Jean-Michel Jarre. Mais aussi les séquelles qu'il avait gardées de certaines parties « musclées » : son nez cassé plusieurs fois, ce soir-là, où je l'ai surpris dans la salle de bain en train de s'enlever des points de suture à l'arcade sourcilière, ce qui m'avait fortement impressionné. Je me souviens aussi de la manière dont il m'obligea à m'inscrire au club de rugby à XV de Saint-Gaudens, malgré mon physique plutôt gringalet et le peu d'appétence que j'avais pour la pratique de ce sport.

Pour José, le rugby était quelque chose de sérieux et d'important, véhiculant des valeurs voire une philosophie. L'esprit du jeu collectif, l'humilité, l'engagement et le mérite. Pour ce fils de réfugié, cela représentait aussi une forme d'intégration dans la culture du pays où il était né et un moyen d'être reconnu et accepté par les autres. Il m'expliquait avoir découvert ce sport lorsqu'il vivait à Castres alors qu'il était âgé de onze ans. Il avait un très bon niveau, cependant il avait dû arrêter à ses dix-sept ans du fait d'une blessure à la hanche, suivie d'une opération dont il avait eu du mal à se remettre. Longtemps, je m'en suis tenu à cette version, même si, au fond de moi, je sentais bien qu'il ne me disait pas tout. J'avais parfois l'impression qu'il cachait un secret.

Bien des années plus tard, Lucas, mon cousin, fils de la plus jeune sœur de mon père, participa aux championnats du monde lycéens, au Japon. Son équipe avait remporté le tournoi et Lucas songea alors qu'il pourrait peut-être envisager de jouer à haut niveau. Au départ, le Castres Olympique, le CO, lui fit miroiter une sélection avant de changer d'avis au dernier moment. Ils nommèrent à sa place le petit-fils de la secrétaire du président du club. Lucas fut fortement déçu par cet événement qu'il vécut comme une trahison, et renonça à son rêve. Lorsque mon père apprit la nouvelle par Loli, la mère de Lucas, il lâcha, devant ma sœur, Céline : « Ils lui font la même chose qu'à moi ! »

En apprenant sa réaction par Céline, je revins vers lui afin qu'il me relate cette fois la véritable histoire de son amour contrarié pour ce sport. Il me raconta alors ce qui suit.

Il habitait dans une barre HLM de la cité de Bisséous et, depuis son balcon qui surplombait le stade, il pouvait assister, presque tous les dimanches, aux matchs du CO. Castres jouait en Première Division et José admirait alors les Spanghero, Jo Maso ou les frères Boniface, quand ils se déplaçaient sur le terrain des Tarnais. Avec les gosses de son quartier, il passait son temps à improviser des matchs dans les pelouses en bas des immeubles. Personne n'avait les moyens de se payer un ballon. On le remplaçait par un bout de chiffon.

Il n'y avait pas de tradition rugbystique dans sa famille. Manuel, mon grand-père, réfugié républicain espagnol, était fan de foot et n'avait jamais vraiment apprécié le jeu du ballon ovale. Il avait bien essayé de faire en sorte que son fils partage son amour du ballon rond, en tentant de l'y intéresser, de l'y faire jouer, en l'emmenant régulièrement voir des matchs dans les bars de la ville... Manuel, avant d'être victime d'un accident de moto qui le handicapa à vie, avait joué au football dans des clubs locaux et avait été d'un bon niveau. Il aurait aimé que son fils aîné reprenne le flambeau. Il avait insisté pour emmener José à un entraînement de l'Étoile Castraise, le club de foot local, où un de ses copains faisait justement office d'entraîneur. Mais après à peine une demi-heure d'exercices, José était allé le voir en lui disant : « Bon, ça y est ! J'ai vu ce que c'était, ça me plaît pas. On ne peut même pas attraper le ballon avec les mains. C'est nul. Moi c'est au rugby que je veux jouer. »

Manuel avait cédé. Il avait accepté de l'inscrire au CO qui montait cette année-là, une école de rugby dans le quartier. Si au départ, la toute nouvelle équipe de minimes ne prenait que des tôles et se faisait battre par tout le monde, elle progressa vite, notamment grâce à Germain Farragoux, leur nouvel entraîneur. À la fin de la première saison, ils avaient une équipe correcte, qui tenait le choc face aux autres. Malgré ses premières réticences, mon grand-père constata assez rapidement que José était doué pour ce sport. Et dès qu'il y avait un match à domicile, les habitants de l'immeuble à leurs balcons encourageaient, voire acclamaient systématiquement toutes les actions qu'il entreprenait. Il devint assez vite la vedette du quartier et tout le monde félicitait Manolo pour les exploits de son fils sur le terrain. Il était content et fier et, malgré les faibles revenus du foyer, il lui acheta des crampons.

À ses quatorze ans, alors que José aurait dû continuer à jouer avec les minimes, les entraîneurs lui proposèrent de rejoindre les cadets, qui avaient un ou deux ans de plus que lui. Cette année-là, les cadets du CO se hissèrent jusqu'à la demi-finale d'une compétition nationale où ils affrontèrent le Stade Toulousain. Ils avaient joué en lever de rideau d'un grand match à Toulouse. José ne réalisait pas l'expérience qu'il vivait alors, mais fut tout de même impressionné par le moment.

Quelque temps plus tard, les membres de son équipe sont tous montés en junior. José resta en cadet et retrouva ceux de son âge. Mais l'ambiance était différente de celle de l'année passée. Le groupe était essentiellement constitué de fils à papa, de fils de notables et du fils de l'entraîneur. Ce dernier jouait à son poste, demi d'ouverture. Quand il y avait un match difficile, José rentrait sur le terrain, mais la plupart du temps, dès qu'il y avait des matchs jouables, c'était les « fils de » qui étaient sélectionnés... Ces matchs-là étaient quasi systématiquement perdus, car l'équipe était mauvaise. Pourquoi était-il ainsi écarté ? Du fait de ses origines espagnoles ? De sa classe sociale ?

Au début, José n'osa trop rien dire. Il y eut un premier match où il resta sur le banc sans broncher. Puis un deuxième où il commença à s'inquiéter de ne plus rentrer sur le terrain. Aussi, lorsqu'il apprit que le match suivant se déroulerait à Decazeville, il demanda à son entraîneur si, cette fois, il allait enfin pouvoir jouer, ce que l'homme lui confirma. Dans ce but, il ne rechigna pas le dimanche venu à se lever à six heures du matin.

Lorsqu'il comprit finalement que c'est le fils de l'entraîneur qui commencerait le match, il s'inquiéta auprès du staff de ce qui avait été convenu. On le rassura alors en lui promettant de le faire entrer dès le début de la seconde mi-temps. Mais une fois la mi-temps terminée, le match reprit sans lui. Dix minutes s'étaient écoulées et José restait encore sur la touche. Un sentiment d'injustice l'envahit. Il comprit qu'on lui avait menti. Il se dirigea vers le vestiaire pour se changer. Il y fut suivi par l'entraîneur adjoint qui le sermonna en lui reprochant de se prendre pour la vedette du club, ce que José ne supporta pas.

C'en était trop pour lui. Il l'empoigna, le menaça, le bouscula. Quelques jours plus tard, il apprit qu'il était exclu du club.

Il rejoignit alors l'autre équipe de la ville, l'Aviron Castrais, mais quelque chose était cassé. À l'âge de dix-sept ans, il joua tout d'abord quelques matchs en junior avant de rapidement rejoindre les seniors. Mais lors d'une rencontre, il fut victime d'un plaquage brutal qui l'envoya valdinguer dans les panneaux. José ressentit une douleur atroce au niveau de sa cuisse gauche. On soigna mal la blessure. Il continua à jouer les matchs suivants malgré celle-ci et la gêne qu'elle occasionnait. Puis il dut arrêter totalement peu de temps après pour, finalement, se faire opérer. Après sa convalescence, il décida de tirer un trait sur la pratique de ce sport. Ce n'est qu'arrivé à la trentaine qu'il reprit le rugby à Valentine, tout d'abord pour dépanner un copain et sans autre prétention que de se faire plaisir, puis dans la petite équipe de Sauveterre-de-Comminges, où il joua jusqu'à l'âge de quarante-trois ans.

Quand il eut fini son récit, je questionnai mon père, afin de tenter de comprendre :

« Mais pourquoi tu ne m'as jamais raconté ça avant ? Pourquoi tant de temps avant de me le dire ?

– C'est parce que je n'étais pas très fier de cette réaction plutôt virulente.

– Cinquante-trois ans, y a prescription depuis longtemps. Tu avais vécu une injustice. Je peux comprendre.

– Disons que ça ne faisait pas partie de mes valeurs, celles que j'ai voulu te transmettre. »

Mon père était un enfant « d'immigré ». Pour Manuel, il était important que son fils réussisse. Du moins, il l'éleva dans l'idée qu'il devait toujours faire du mieux qu'il pouvait et tendre vers l'excellence. José était de plus l'aîné de la fratrie et avait toujours dû montrer l'exemple à ses frères et sœurs. Mon père venait de me révéler une de ses rares imperfections, un de ses moments « honteux ». Pourtant, je ne l'en ai alors trouvé que plus touchant et plus humain...

*Tomas Jimenez est musicien et écrivain. Il est également auteur de nouvelles et a notamment publié, en février 2023, un recueil qu'il partage avec l'auteure de thrillers Céline Servat, sa soeur, intitulé* Une plongée dans le noir *aux éditions M+* .

*Petit-fils de républicain espagnol, ce toulousain se plait à revisiter avec son groupe El Comunero les chants de lutte de la guerre d'Espagne en y mêlant des sonorités plus rock et rythmées. Héritier d'une mémoire, il en assure la transmission auprès du public*

# AU CENTRE DES POTEAUX

Brice Torrecillas

Escalader. Sauter. Courir. Je suis bien plus sportif que mon père le pensait. S'il me voit, il sera fier de moi. Je me suis repris à plusieurs fois pour grimper au sommet de la grille, je me suis tordu la cheville en atterrissant de l'autre côté, j'ai claudiqué plus que galopé, évidemment, mais on ne devient pas un athlète en un claquement de doigts, surtout quand on va fêter ses cinquante-huit ans dans quelques semaines, qu'on fume une quinzaine de Lucky Strike par jour et qu'on ne déteste pas un petit Negroni pour l'apéro, concocté de préférence avec du gin Tanqueray N° Ten.

Il n'empêche, le programme se passe comme prévu. La rue était déserte au moment de mon arrivée, ce qui n'est pas très étonnant pour un mardi à deux heures et demie du matin. Aucun berger allemand n'est venu se faire les dents sur mes mollets, et le veilleur de nuit, s'il en existe un, doit ronfler entre deux rondes. La lune brille assez pour que je n'aie pas besoin d'allumer la torche de mon portable. Il y a plus de quarante ans que je ne suis pas venu ici, mais ma mémoire fonctionne mieux que mes muscles. Je peux me repérer sans problème, passer sous l'arche de briques, remonter l'allée intérieure, obliquer sur la droite, enjamber la barrière. Avec précautions, je dépose sur la pelouse le sac que j'ai arrimé sur ma poitrine pour qu'il me gêne le moins possible, même si le cliquetis métallique qu'il produisait à chaque mouvement un peu brusque me paralysait le cœur.

Faire ce que j'ai à faire me prend vingt-deux minutes, montre en main. Ma mission accomplie, un sentiment de sérénité comme je n'en ai jamais connu au cours de mon existence s'empare de moi. Ma mâchoire toujours crispée vient soudain de se détendre. Le vigile pourrait surgir la bouche pleine de menaces : je ne crains plus rien ni personne. Du revers de la main, je balaie le plus gros de la terre collée sur mes genoux, puis je lève lentement la tête. Le ciel déploie un nombre d'étoiles étonnant, comme on sort la grande vaisselle pour les invités de prestige. Mon père est là, je le sais, je le vois, je m'envole vers lui et nos âmes s'enlacent tendrement dans l'espace.

Pas d'effusions, en revanche, lorsque j'ai décroché mon DEA de Lettres modernes avec la mention Très Bien. DEA : on l'aurait bien embêté en lui demandant ce que signifiaient ces trois lettres. Lui n'avait eu besoin d'aucun diplôme pour créer une cave à vins plutôt prospère au cœur de Perpignan. Ma mère tenait la caisse avant qu'une leucémie ne l'emporte en quelques mois. Il ne l'a jamais remplacée, ni à la caisse ni dans son cœur. Le mercredi, le samedi, le dimanche matin, une bonne partie de mes vacances : au temps de l'école primaire, je faisais rouler mes voitures Majorette dans l'arrière-boutique, tandis qu'il expliquait à ses clients quel blanc sec se marierait le mieux avec les seiches au chorizo ou quel rosé sublimerait les boles de picolat.

Sans vouloir les mettre en doute, ses compétences en matière d'œnologie ne constituaient pas son meilleur atout de commerçant. Si les clients, de sexe masculin pour la plupart, demeuraient fidèles au *Vin Sur Vin*, c'est avant tout parce qu'ils pouvaient discuter durant des heures avec mon père des splendeurs et des misères de l'USAP. Union Sportive Arlequins Perpignan-Roussillon : cet acronyme-là ne possédait aucun secret pour lui. Il pouvait réciter par cœur l'historique du club, de sa création en 1933 jusqu'au nom de son dernier président, énumérer les quatre années bénies où il fut sacré champion de France, indiquer non seulement les noms et les C.V. des joueurs de la saison, mais également ceux de leurs adversaires de Première Division. Quant à leurs performances sur le terrain, il les commentait avec d'autant plus d'aisance et d'autorité qu'il avait lui-même foulé plus d'une fois la pelouse du stade Aimé-Giral en tant que trois-quarts centre.

Toute sa jeunesse se résumait à ces moments. Je ne l'ai jamais entendu raconter autre chose que ses souvenirs de joueur quand il évoquait le temps où ses cheveux, raides et noirs, n'avaient pas encore déserté son crâne. Même le récit de sa rencontre avec ma mère en passait par là puisqu'il l'avait connue à l'issue d'un match victorieux contre Lourdes – « Un vrai miracle ! » concluait-il, sans qu'on sache s'il parlait de sport ou d'amour. Les exhortations de l'entraîneur dans les vestiaires, les erreurs scandaleuses de ces enfoirés d'arbitres, les provocs d'un pilier ou d'un demi de mêlée qui s'étaient terminées en bagarre générale, les chansons paillardes entonnées dans le bus pendant qu'une grappe de joueurs montraient leurs culs aux voitures qui suivaient… Les anecdotes défilaient à la queue leu leu sans jamais manifester le moindre signe de fatigue, mais l'histoire qui revenait le plus souvent concernait son exploit du dimanche 20 mai 1962, vers la fin du championnat :

« On recevait Narbonne. Je jouais trois-quarts centre, comme d'hab, avec le numéro 12 marqué sur le maillot parce que le 13, ça porte malheur. Dégagement adverse. Je récupère la gonfle aux cinquante mètres. Je feinte la passe à l'intérieur sur mon troisième ligne, je prends la ligne d'avantage et je perce sur quarante mètres. Le dernier défenseur arrive. Cadrage débordement d'école, sprint sur les dix derniers mètres, plongée entre les poteaux. L'arbitre a sifflé après la transformation de Dédé. On les a baisés de deux points ! »

Mon père, ce héros. Il s'essuyait le front comme s'il venait tout juste de marquer l'essai. Mes yeux de gosse allaient de son visage extatique au petit carré d'herbe bien tondu où, quelques années avant ma naissance, il avait aplati le ballon ovale dans un tonnerre de bravos. Un criminel revient toujours sur les lieux de son crime : il assistait à tous les matchs à domicile depuis la tribune Fernand Vaquer, juste au-dessus des vestiaires, avec vue imprenable sur les poteaux en forme de H. J'étais assis à sa gauche et, dans l'attente du coup d'envoi, j'avais droit au énième récit de sa glorieuse action.

« On les a baisés de deux points ! » nous exclamions-nous à l'unisson avant de réajuster, d'un même geste, nos écharpes sang et or.

Nos écharpes. Nos casquettes. Nos chaussettes. Nos drapeaux. Rejoindre le stade sans la panoplie complète nous aurait gênés comme de nous promener tout nus. Mon moment préféré était celui où mon père dessinait sur mes joues des peintures de guerre : deux traits parallèles rouge et jaune qui m'auraient permis de faire moi-même la loi sur le terrain, j'en étais persuadé. D'ailleurs, si mes prestations laissaient à désirer lorsque je jouais en poussin, en benjamin ou en minime, c'était sans doute qu'il me manquait ce déguisement d'Indien.

La maladresse de mes passes et ma pusillanimité face aux adversaires plus costauds ou simplement plus motivés que moi ne démoralisaient pas mon père. Au début du mois de septembre, il vérifiait si mes vêtements de sport étaient toujours à ma taille avant de m'amener chez le médecin pour le renouvellement de ma licence. Son travail ne lui permettait pas d'assister à tous mes matchs mais, dès qu'il pouvait fermer le magasin, il venait se planter près de l'entraîneur de mon équipe pour mieux m'encourager. On aurait dit que nos tournois départementaux étaient aussi importants que la course au bouclier de Brennus. La joute terminée, les parents récupéraient à tour de rôle nos maillots et nos shorts tachés d'herbe pour les rapporter propres et repassés la semaine suivante. Sans doute par pitié pour un pauvre veuf, une maman avait proposé de lui éviter la corvée : elle l'aurait privé d'un vrai plaisir.

Le rugby formait une grande famille. Les quinze tenues que mon père passait à la machine étaient celles de ses enfants. J'étais très jeune quand ma mère nous a quittés, mais j'en mettrais ma main au feu, c'est la passion pour ce sport qui l'a sauvé du naufrage. Il y avait l'affectueux soutien de ses camarades supporters et anciens joueurs. Il y avait ces matchs qui lui permettaient de s'évader de son chagrin durant quatre-vingts minutes. Et il y avait surtout ces préceptes qu'on lui avait serinés depuis l'âge de son premier short : encaisse les coups sans broncher, relève-toi au plus vite quand tu es plaqué au sol.

Même quand c'est ton propre fils qui te plaque, comme je l'ai fait sans trop de scrupules.

Tôt ou tard, on tue le père, quitte à se retrouver orphelin. Il m'a suffi pour cela de raccrocher les crampons et de refuser de l'accompagner au stade. Depuis quelque temps, le rugby m'intéressait moins mais je ne m'en apercevais pas. C'est Mme Larnaudie qui me l'a fait comprendre. Les vers des *Amours jaunes* ou des *Fleurs du mal* qu'elle lisait de sa voix à la fois éraillée et suave m'exaltaient beaucoup plus que le Tournoi des Cinq Nations. J'aurais pu tomber amoureux de cette femme si je n'avais pas été élève de seconde et elle, professeur de français à deux ans de la retraite.

Et quand bien même. La littérature m'apprenait que tout était possible. Elle me servait le monde entier sur un plateau. Aucun recoin de notre Terre ou de l'âme humaine ne lui demeurait secret. Grâce à elle, je pouvais visiter des pays situés aux antipodes ou des planètes inconnues. Je pouvais découvrir l'obscur destin d'une coiffeuse du côté d'Asnières ou celui, trépidant, rocambolesque, du fils d'un marquis fasciné par Napoléon. Je pouvais observer l'intérieur des cerveaux dont les auteurs me montraient les rouages et me découvrir moi-même, mieux comprendre comment je fonctionnais. Au-delà des idées et des histoires, la musique des mots et des phrases permettait à elle seule de voyager. Je récitais, je déclamais, j'apprenais par cœur des poèmes, des pages entières de romans dont les personnages, même infréquentables, devenaient mes amis – la princesse de Clèves, le vicomte de Valmont, Madame Bovary, Edmond Dantès, Aurélien, Thérèse Desqueyroux, Meursault…

Le fameux « Peut mieux faire » qui parsemait mes bulletins n'avait jamais affolé mon père : la cave à vin m'attendait. Cette année-là, mes notes ont fait un bond extraordinaire. Mon appétit de savoir étonnait même Mme Larnaudie dont j'avais épuisé l'imposante bibliothèque Second Empire. Le jour où j'ai décroché mon bac littéraire avec la mention Bien, mon père a ouvert un des champagnes les plus chers de sa boutique. « Si ta mère pouvait voir ça… » a-t-il lâché en cognant sa flûte contre la mienne, puis son visage s'est rembruni quand je lui ai dit que je m'étais inscrit à la fac de Montpellier.

Je ne revenais pas souvent le voir, et j'abrégeais nos coups de téléphone en prétextant que j'avais beaucoup de travail. Mon quotidien d'étudiant en Lettres modernes ne pouvait pas l'intéresser, me disais-je, pas plus que ne m'intéressaient les résultats de l'USAP dont il ne pouvait s'empêcher de me tenir au courant. Le week-end, plutôt que de me mêler à une horde de supporters, je préférais arpenter les salles du musée Fabre ou rester dans mon studio pour fignoler une dissertation, réviser mon cours d'ancien français, dévorer le dernier Kundera. Il m'arrivait bien sûr de passer la nuit en bonne compagnie, et même de tomber amoureux, mais mes histoires de cul ou de cœur tournaient vite court. Un psy de comptoir prétendrait sans doute que l'absence de ma mère me prédisposait à une vie de célibataire. Il aurait peut-être raison.

Après mon DEA dont, à la réflexion, je n'ai sans doute même pas parlé à mon père, j'ai décroché mon agrégation et je me suis lancé dans une thèse sur les mécanismes de la mémoire dans l'œuvre de Patrick Modiano. Les places étaient chères, mais j'ai fini par devenir professeur à l'université de Toulouse-Le Mirail. Mon studio a laissé place à un vaste appartement en face de la basilique Saint-Sernin. Si elle l'avait vue, Mme Larnaudie aurait été jalouse de ma bibliothèque, un immense meuble en merisier dans lequel je disposais non seulement une quantité invraisemblable de livres, mais aussi des objets de décoration et des souvenirs rapportés de mes voyages.

Trois ou quatre fois par an, tout de même, je me rendais à Perpignan. Mon père vieillissait mais sa passion pour le rugby semblait au contraire gagner chaque année en vigueur. Il avait tapissé la boutique de photos des joueurs de l'USAP, comme un adolescent punaise des posters de chanteurs dans sa chambre. J'avais beau me faire rare, si un match se déroulait lors de ma venue, il prenait le chemin du stade dans sa panoplie de supporter que je trouvais totalement ridicule, et je restais à l'attendre. À quel voisin racontait-il l'exploit de sa jeunesse, maintenant ? Ce n'était pas mon affaire. Un jour, il a tenté le coup devant moi, alors que la télé du salon diffusait je ne sais quelle émission sportive que je ne regardais pas.

« On recevait Narbonne. Je jouais trois-quarts centre, a-t-il commencé en pointant son doigt vers l'écran.

– Tu me l'as dit mille fois », l'ai-je coupé avant de me replonger dans mon livre.

Un drapeau sang et or était posé sur le cercueil, devant son portrait. Ses amis avaient ceint leurs écharpes dont les mêmes couleurs tranchaient sur leurs habits sombres. C'est l'un d'eux qui avait trouvé mon téléphone pour me prévenir de l'accident. La vieille Yaris s'était encastrée dans un arbre. Un chevreuil ou un sanglier devait avoir traversé la petite route de campagne, celle qu'il empruntait pour aller aux champignons.

Au moment où *L'Estaca* de Lluís Llach a résonné dans le crématorium, à la fin de la cérémonie, j'ai pu enfin me libérer de mes larmes. J'ai pleuré et pleuré à en casser mes lunettes, qui sont tombées au sol tandis que j'essayais d'éponger mes yeux. J'ai pleuré aussi durant la petite réception que j'avais organisée chez mon père, surtout quand ses anciens camarades de jeu se sont remémorés avec des mines encore admiratives l'essai parfait qu'il avait marqué entre les poteaux, contre Narbonne, au début des années soixante, sous le numéro 12 parce qu'il était superstitieux.

Je suis resté plusieurs jours à Perpignan pour tout régler, m'occuper des papiers, vider le magasin mis en vente. Je ne m'étais jamais rendu compte à quel point les casiers de bois où les bouteilles étaient alignées ressemblaient à une bibliothèque. Je n'avais pas vu non plus que, au milieu des photos des joueurs de l'USAP, il avait épinglé celle où je courais avec des jambes de sauterelle, le ballon collé contre ma poitrine, à l'âge de neuf ou dix ans.

Il y avait eu ce temps-là, par bonheur. La suite avait tourné au gâchis entre nous, et si je me sentais coupable, je me disais aussi que la vie n'avait de toute façon rien de mieux à nous proposer. C'était déjà bien de nous avoir offert une passion. Le rugby, la littérature, la cuisine, le rock, la philatélie, chacun se débrouille avec ce qu'il peut pour tenir le coup.

De retour à Toulouse, j'ai repris mon travail d'universitaire : publier des articles, accompagner des étudiants. Tout en corrigeant mes copies, je levais parfois la tête vers l'urne où reposaient les cendres paternelles. En aluminium blanc, elle trônait dans ma bibliothèque, près d'une statuette béninoise, cachant de sa forme replète quatre ou cinq livres de Pascal Quignard. Mon stylo rouge restait suspendu dans l'air le temps de quelques souvenirs où le rugby se taillait la part du lion. Je revoyais mon père se lever en hurlant dans les gradins, les bras en V, les poings serrés, comme s'il venait lui-même de marquer l'essai ou le drop de l'USAP. Puis il me serrait contre lui à me briser les os, mais je ne me plaignais jamais parce que, au rugby, on n'est pas des gonzesses.

Pourquoi ce jour-là plus qu'un autre ? Je n'en sais absolument rien. En ce jour d'avril où le vent d'autan faisait presque plus de boucan que les cloches de Saint-Sernin, j'entamais à peine un gros paquet de copies quand, tout à coup, le regard fixé sur l'urne, j'ai pensé que mon père n'avait rien à faire ici, dans une bibliothèque de prof, que la fréquentation de Pascal Quignard ou, quelques centimètres plus loin, d'Henri-Pierre Roché et de Jean-Jacques Rousseau devait sacrément lui peser, qu'il devait s'ennuyer chez moi comme je me serais ennuyé chez lui parmi ses photos de types en short. L'idée a surgi la semaine suivante. J'ai attendu les vacances pour la mettre à exécution, après un passage à Jardiland où j'ai acheté un transplantoir, cette petite pelle idéale pour les repiquages ou les rempotages.

Idéale aussi pour creuser un trou dans la pelouse du stade Aimé-Giral, avant de replacer délicatement la terre et l'herbe qui recouvriront désormais l'urne blanche. Escalader la grille dans l'autre sens a été plus facile avec mon sac vide. Le sentiment de plénitude a persisté tout le voyage. Je n'ai même pas allumé la radio de ma voiture. Sur l'autoroute qui me conduisait à Toulouse, je me suis demandé quel serait le premier joueur qui, sans le savoir, enlacerait virilement mon père en marquant comme lui un essai en face de la tribune Fernand Vaquer, au centre des poteaux.

*Journaliste indépendant de presse écrite et audiovisuelle, professeur à l'Institut Supérieur de Journalisme de Toulouse et à l'Institut Catholique de Toulouse, Brice Torrecillas a publié cinq romans* La Confession *(Nil Éditions et J'Ai Lu);* De Parfaits Inconnus *(Nil Éditions) ;* L'Ombre et le Fard *(Le Cherche Midi) ;* Ceux qui s'aiment *(Éditions du Rocher) ;* Comme une chanson *(Arcane 17),* Un récit *(Collioure, la Mémoire et la mer - La Louve Éditions),* Un beau livre Saint-Orens de Gameville, Ville Nature *(Le Pas d'oiseau Éditions), ainsi que plusieurs nouvelles dans des recueils collectifs.*

*Auteur de podcasts, créateur et présentateur de l'émission télévisée* Au Pied de la lettre *consacrée à la langue française, il anime également de nombreuses rencontres littéraires dans des librairies, des médiathèques et des festivals.*

# MISTER PACK

Laurence Bilberfeld

Elle est couchée sur le dos et il la surplombe de toute sa hauteur, maintenant. Il n'y a plus moyen d'en réchapper. La sueur givre ses pelures froissées. Elle a les jambes nues, écartées, elle voudrait que ça n'arrive pas, elle voudrait rembobiner le temps et se rendre une enfance, qu'aucun compte à rebours n'ait été enclenché, elle voudrait pouvoir tout recommencer à zéro et éviter ça. Elle pense aux putes désabusées qui comparaient leurs blessures de guerre dans les quartiers des indigents. Elles se foutaient de sa gueule, gentiment sans doute, comme on charrie une gamine dont, au fond, on a pitié. Mais à quoi peut lui servir la pitié à ce stade ? Elle refusait de leur adresser la parole, elle n'est pas une indigente ni une pute, elle. Elle est étudiante, jamais elle ne ressemblera à ces radasses, jamais.

Il est immense, ce salaud, il touche le ciel avec ses cheveux en brosse. Il a les dents du haut pétées et le nez cassé d'un boxeur. Ses yeux ne la lâchent pas, ne lâchent pas son corps à moitié dénudé. Il est calme, il est comme la vie qui n'a cessé, depuis qu'elle a une conscience, de lui passer dessus. Il a un regard attentif, amusé, railleur ? Il prend son temps, l'ordure. Il est comme la vie, il parle à son cul, sa tête est malade, sa tête n'existe pas. Il a des paluches d'ours. Il lui parle, il lui dit que tout va bien se passer. Bin voyons ! Mais si je pouvais rembobiner, connard, tu n'aurais jamais existé. La douleur que vous m'infligez tous n'aurait jamais existé. C'est trop facile, il lui mange trente centimètres et fait le double de son poids. Il a trente ans, elle en a seize. Trop facile.

Elle a mal, bordel, ça fait mal. Les putes n'en parlent pas, de la douleur. Elles l'ont mangée ? Elles n'ont pas de corps ? Elle voudrait avoir une semaine de plus. Elle voudrait, au fond, être comme les putes, démolie et indestructible, moche et vivante, passée d'un autre côté, n'importe lequel. Ça fait mal à un point qu'elle n'avait pas imaginé, elle voit les vieilles d'un autre œil. Même sa mère, cette connasse, elle en est passée par là ?

Il est gigantesque, en fait. Sa poitrine est si large qu'elle pourrait se coucher en travers, si l'envie lui en prenait, au mitan de cette douleur infernale. La vie fait ça, elle s'empare de ton corps, poupée, que tu en aies envie ou non, nous les femmes c'est notre lot. Elle le chope et s'en sert, comme les hommes, comme ce grand fumier avec une ironie dans l'œil, ou peut-être une tendresse totalement hors-sol. Comment peut-il se permettre, l'enflure ? Il se le permet parce qu'il tutoie le plafond, qu'il pèse son quintal, qu'il pourrait déménager des pianos à queue tous les jours que Dieu fait, et qu'une gamine entre ses pognes, c'est juste un jouet, un jouet qui bouge.

Elle le hait. Elle le hait de toute son impuissance, parce qu'elle est clouée à ce matelas comme un papillon. Écartelée, écrasée, minuscule, encore et toujours sur le dos. Sur le dos, ça les amuse. Et qu'il lui parle, en plus, il lui parle. Pour lui dire que tout se passe bien, mais il se fout de qui ? Tout se passe bien pour qui ? Pour lui ? Ah pour lui, la grosse bête, forcément, c'est que du plaisir !

Elle serre les dents et, de temps en temps, pousse un petit cri qu'elle voudrait ravaler. C'est trop violent, mais il ne faudrait pas qu'il se méprenne. Non, elle n'accompagne pas le truc. Que ça soit clair, ça se fait sans elle, contre elle. Il peut se la jouer bon camarade, et même complice, on est dans le même sac, mon cul, pense-t-elle, mon cul ! Toi, une fois fini ce carnage, tu vas juste te laver, changer de fringues et rien n'aura bousillé définitivement ton corps. Tu n'en garderas aucune trace. Moi, ma vie en tas, au bas du lit.

À ce moment, toute sa haine et sa terreur se concentrent sur lui, sur lui qu'elle ne connaît pas, qu'elle n'a fait que croiser. Le salopard, encore un qui se sert, il aurait tort de s'en priver. Les putes ont l'honneur au clou mais l'humour chevillé au corps. Est-ce que cet esprit de sarcasme va lui pousser après cette bourrasque ? Elles la dégoûtent, mais la façon dont elles parlent des hommes... ça lui fait envie soudain, ce mépris abyssal, cette connaissance désabusée, comme pignocher dans les linges d'un môme foireux, ou d'un qui bave, ou qui s'est vomi sur le plastron. Oh là là, qu'est-ce qu'il pue, mais il est vraiment incapable de se torcher, quel boulet ! Ils sont pas doués quand même. Comment ils se prennent au sérieux... Ça ferait rire si c'était pas à pleurer, eux qui sont toujours à suivre leur périscope comme des chiens rampants, des esclaves, et qui trouvent le moyen de te regarder de haut.

Une crachait par terre et une autre ricanait. Quelle corvée... Elle, elle attendait son tour dans l'appréhension et le dégoût. Elle était de loin la plus jeune. Il n'y avait dans cette grande salle commune que des clochardes et des putains, des femmes cabossées, hideuses, vulgaires, qui se racontaient, en rigolant, leurs pires expériences ; et elles en avaient en chapelet, à croire qu'elles n'avaient jamais rien vécu d'heureux. Elle s'était demandé si elles n'inventaient pas tout de même, si elles n'en rajoutaient pas. Et maintenant, avec ce molosse penché sur elle qui au lieu de la fermer ajoute la parole à l'horreur, elle sait que non, les femmes n'en rajoutaient pas.

Ses paluches énormes fourrées entre ses cuisses de gamine, il parle, il parle encore. Viens, viens, supplie-t-il entre ses dents, allez, viens. Elle a les dents tellement serrées qu'elle a mal aux mâchoires, elle étouffe des petits gémissements qu'il semble guetter comme un chat embusqué derrière un trou de souris. Ça appuie si fort sur son ventre qu'elle a peur d'entendre un craquement ou une déchirure et de se retrouver en deux morceaux. Soudain, elle éclate de rage et commence à l'insulter de la façon la plus ordurière. Elle se tortille dans tous les sens et hurle, et il lui dit c'est fini, c'est fini, en lui posant sa main monstrueuse sur la poitrine pour la rabattre sur le lit.

Elle pousse un cri de rage au moment où une dernière torsion lui arrache le bassin, la douleur est soudain suspendue et un fou rire la secoue. Il tire doucement et, avec un bruit de caoutchouc mouillé, il dévide de son corps une continuité de viande comprimée qui n'en finit pas. Elle voit sa grande carcasse se déplier quand il soulève par les pieds le petit machin qui lui est toujours relié. Un grincement grêle se fait entendre, ses pognes sont monstrueuses, un gorille qui soulève un rat mouillé. Elle ricane et tente de s'asseoir. Sans lâcher le bébé, il pose à plat la main sur sa poitrine : « C'est pas fini », dit-il en la regardant un peu à côté du visage et en la plaquant sur la table. « Le placenta, faut couper le cordon. »

Il pose le truc sur ses seins et elle gronde sans bouger du tout, figée. Elle gronde comme un chien, c'est dégueulasse de lui faire ça. Il s'essuie machinalement le front, y laissant une traînée boueuse, il est si grand que la lampe lui crame les tifs. Il reprend le bébé d'un air ennuyé et l'examine. Est-ce qu'il se doute qu'elle va se lever telle qu'elle est dès qu'elle sera ramenée à sa chambre, tandis qu'on examinera ce têtard dont elle ne veut même pas connaître le sexe ? Qu'elle remettra les vêtements avec lesquels elle est arrivée, ses pelures informes, son jogging de cloche, son sweat qui pue, ses baskets immondes, mais dans lesquelles elle est parfaitement à l'aise pour marcher, bondir, grimper, courir ? Qu'elle foutra le camp avant que tombe la prochaine nuit ?

Elle n'a pas de papiers de toute façon. Amenée à l'hôpital en gésine deux jours après l'expulsion du squat alors qu'elle se préparait à accoucher derrière une palissade, elle était trop lourde pour se défendre contre les bons samaritains empressés de la secourir. Elle sait comment ça s'est passé pour les frangines : les médecins hospitaliers répugnent à remettre à la rue les fraîches accouchées avec leur nourrisson. Elles occupent donc les lits déjà rares jusqu'à ce qu'une place en foyer social se profile, qu'un nouveau squat s'ouvre, qu'un hébergement soit proposé. Mais elle, elle n'attendra pas : rien ne l'attache à cette larve qui lui a été inoculée de force par un salaud, elle ne sait même pas lequel, avant qu'elle passe la frontière.

Elle est trimballée en civière jusqu'à la chambre où deux autres femmes manipulent des poupons, et l'infirmière l'aide à se coucher dans son lit. Les autres lui adressent des sourires contraints. Ses vêtements sont déposés en vrac sur le lit, ses pompes sous la table de chevet. Elle empoigne le tout et va s'enfermer dans la salle de bains. Elle saigne encore comme un bœuf, la grosse couche l'encombre, elle arrive pourtant à se ratiffer tant bien que mal. Elle commence à ressentir une fatigue irréelle, elle voudrait pouvoir arrêter de vivre une semaine ou deux pour se remettre de l'accouchement, de la grossesse, des viols, de son infernal périple depuis El Fasher, de la perte de son frère, de l'avancée inexorable du sable, de la famine, des petits tronçons d'exil ayant précédé l'exil majeur. Seuls son enfance, le vague souvenir de sa mère, et celui d'une lumière éteinte avec elle, lui rappellent la possibilité d'être heureuse encore, puisqu'elle l'a été un jour.

Ses pieds enflés ont du mal à réintégrer ses chaussures. Ça passera. Les autres la regardent sortir de la salle de bains, puis de la chambre, sans prononcer un mot. Elle a passé autour de sa tête ébouriffée son T-shirt plié en guise de voile. Dans les couloirs, personne ne la calcule, pas même la femme qui la croise, poussant un berceau transparent à roulettes où repose un nourrisson soigneusement emmitouflé.

Bègles, la ville des squats. Elle est suffoquée de se retrouver dehors, mais éprouve un sentiment puéril de folle liberté. Ventre vide, absolument vide, ciel de plomb et jambes en coton. Elle continue à saigner à gros caillots et une mauvaise sueur qui sent la fièvre lui tiraille la peau du dos, mais elle avance, une, deux, sans se retourner. Les frissons ne l'empêchent pas de réfléchir vite. Elle connaît plus d'une vingtaine de squats dans cette ville, et cette fois, elle ne va pas tergiverser, elle a vraiment besoin de se reposer. Elle est très jeune, personne n'a besoin de savoir qu'elle était enceinte. Elle a mis au monde un bébé vivant, le reste ne la regarde pas, c'était juste un sale épisode de plus et elle a envie d'aller de l'avant. Maintenant, un peu de temps va se déposer, un peu d'enduit opaque pour recouvrir les épisodes précédents, périmés aussitôt qu'écoulés. Sa vie commence chaque jour.

Lucien, en sortant de la maternité, s'est demandé quoi faire. La gosse a foutu le camp juste après avoir accouché, leur laissant son mioche sur les bras, une petite fille. Elle pouvait rester en pouponnière avec les autres, mais combien de temps ? Cette trop jeune mère a démontré une niaque telle qu'il a pensé : « Elle pourrait faire un bon avant si elle avait le poids. » Trois fois par semaine, il entraîne, avec l'association Ovalie citoyenne, des personnes à la rue ou en squat, étrangers sans papiers, clodos, travailleurs pauvres. La question d'une équipe féminine se fait lancinante. L'association organise régulièrement des matchs amicaux avec les équipes amateurs qui gravitent autour du club de Bègles.

Elle arrive un soir à l'entraînement avec une des filles, une ex-toxico qui met toute la rage de son sevrage dans son jeu. Lucien a beau lui dire que le rugby n'est pas un sport de haine, qu'il y a le foot pour ça, Samia se défoule et ça lui réussit. Plus qu'à son équipe, car elle joue mal, mais côté santé, elle s'est bien remise. Elle a ajouté une quinzaine de kilos de muscles à ses cent-soixante livres de hargne, elle a retrouvé le sommeil et un petit boulot. En somme, tout va mieux, sinon bien, dans sa vie. La fille qui l'accompagne a l'air d'un grillon mal embouché, elle est très jeune, peut-être mineure. Il choisit de plaisanter : « Je fais pas les entraînements d'échecs. »

Elle lui lance un flamboyant regard de haine, et il se dit qu'il l'a déjà vue quelque part, mais où ? Entre ses entraînements, son internat tardif de médecine et ses activités bénévoles en faveur des déshérités, il en voit du monde, au moins cinquante personnes par jour. Elle sait jouer, elle pourrait jouer bien. C'est un fétu. Elle ne fait pas un seul en-avant, elle ne craint pas le contact. En quatre minutes, elle est couverte de boue et saigne de la lèvre. Mais elle pèse moins de cinquante kilos et sa copine Samia, qui ne la ménage pas, la fait voler en l'air. C'est un vrai problème cette absence de catégorie de poids dans l'équipe des filles. Dans les équipes de garçons aussi d'ailleurs. La plupart des précaires que Lucien entraîne ont des poids en dessous de la moyenne, mais il y a quelques Samia dans l'équipe.

La môme est une excellente sauteuse, et elle ne laisse pas sa part aux chiens pour ce qui est des plaquages. Elle court comme un lièvre. Elle veut sa part de mêlée et elle est assez technique, mais rien à faire, elle est vraiment sous-dimensionnée et déséquilibre les lignes. À chaque mêlée, ses pieds décollent du gazon et elle n'est plus qu'un poids mort pour les autres joueuses. Quand elle reste près du sol, elle talonne assez bien. Lucien est intrigué. Il n'a pas encore rencontré d'Africaine qui témoigne d'un tel intérêt pour le rugby. Il parle avec elle et, tant qu'il ne s'agit pas de sa pomme, elle s'exprime avec vivacité. Mais dès que ça devient plus personnel, elle se ferme à double tour, si bien qu'il ne saura ni d'où elle vient, ni son âge, ni son nom. D'Érythrée peut-être, ou du Soudan, ou d'Éthiopie, à son physique. Mais c'est avec Zintle Mpupha, qui est sud-africaine, qu'elle lui fait saigner les oreilles. C'est son modèle, sa déesse. Lucien est rassuré qu'elle ait un but dans la vie, même si, au vu de son gabarit, c'est à peu près aussi approprié qu'Iz en danseur étoile.

Elle vient régulièrement aux entraînements maintenant. Il a renoncé à connaître son nom, il lui suffit de savoir qu'elle a des intentions. Elle sera toujours bloquée par son poids, songe-t-il en la regardant tailler un sprint de légende au bord du banc de touche. Et Samia la fauche en plein élan, normal. Mais elle ne se relève pas. Lucien se précipite, le jeu est suspendu. Elle est face contre terre, il la retourne avec précaution et elle ouvre les yeux. Elle est couchée sur le dos, les genoux légèrement relevés, les jambes ouvertes.

Et il se rappelle. La gamine qui a abandonné sa petite fille à l'hôpital, qui a foutu le camp juste après l'accouchement. Le bébé est dans une famille d'accueil aujourd'hui. Pendant quelques secondes, il a une envie irrépressible de lui dire : « Il faudrait que tu l'abandonnes pour qu'elle puisse être adoptée », mais il a la prescience que s'il fait ça, il ne la reverra jamais, jamais. Et peut-être aura-t-il brisé son dernier rêve.

« Quoi, tu veux ma photo ? demande-t-elle hargneusement en s'asseyant.

– Quand tu auras fini de te les rouler, on reprendra le match », répond-il d'un ton sarcastique en se relevant.

---

*Laurence Biberfeld est née à Toulouse. Elle habite aujourd'hui sur le Larzac. Elle est auteure de noir depuis une vingtaine d'années. Ses derniers livres sont* Panier de Crabes *dans la collection Polaroïd et en littérature jeunesse,* Malencontre *dans la collection Faction, chez in8.*

# TABLE DES MATIÈRES

ISBN : 978-2-493049-26-1

-----------------------------------

Achevé d'imprimé sur les presses
de Sepec Numérique en juillet 2023
Dépôt légal : juillet 2023

Contact : info.arcane17@orange.fr

PEFC 10-31-3532